A SÖTÉTSÉGBŐL AZ URALOMIG: 40 nap a sötétség rejtett szorításából való kiszabaduláshoz

A tudatosság, a megszabadulás és az erő globális áhítata

Egyéneknek, családoknak és nemzeteknek, akik készen állnak a szabadságra

Által

Zacharias Godseagle; Ambassador Monday O. Ogbe and Comfort Ladi Ogbe

Tartalomjegyzék

A könyvről – A SÖTÉTSÉGTŐL AZ URALOMIG 1
Hátsó borító szövege 4
Egy bekezdéses média promóció (sajtó/e-mail/hirdetési összefoglaló) 5
Ajánlás 7
Köszönetnyilvánítás 8
Az olvasónak 10
A könyv használata 12
Előszó 15
Előszó 17
Bevezetés 18
1. FEJEZET: A SÖTÉT KIRÁLYSÁG EREDETE 21
2. FEJEZET: HOGYAN MŰKÖDIK MA A SÖTÉTSÉG KIRÁLYSÁGA 24
3. FEJEZET: BELÉPÉSI PONTOK – HOGYAN KAPJA RÁ AZ EMBEREK A FÜGGŐSÉGET 27
4. FEJEZET: MEGNYILVÁNULÁSOK – A BIRTOKOLÁSTÓL A MEGSZÁLLODÁSIG 29
5. FEJEZET: AZ IGE EREJE – A HÍVŐK TANULSÁGA 31
1. NAP: VÉRVONALAK ÉS KAPUK — CSALÁDI LÁNCOK SZÉTTÖRÉSE 34
2. NAP: ÁLOMBETÖRÉSEK – AMIKOR AZ ÉJSZAKA CSATATÉRRÉ VÁLIK 37
3. NAP: LELKI HÁZASTÁRSAK – SZENTSÉGTELEN EGYESÜLÉSEK, AMELYEK KÖTÖZIK A SORSUKAT 40
4. NAP: ÁTKOZOTT TÁRGYAK – BECSUTÓ AJTÓK 43
5. NAP: ELBŰVÖLT ÉS MEGCSEVERT – SZABADULÁS A JÓSLÁS SZELLEMÉTŐL 46
6. NAP: A SZEM KAPUI – A SÖTÉTSÉG KAPUJÁNAK ZÁRÁSA 49
7. NAP: A NEVEK MÖGÖTT VALÓ ERŐ – A SZENTSÉGTELEN IDENTITÁSOK MEGSZÓLÁSA 52
8. NAP: A HAMIS FÉNY LELEPLEZÉSE – NEW AGE CSAPDÁK ÉS ANGYALI MEGTÉVESZTÉSEK 55

9. NAP: A VÉROLTÁR – SZÖVETSÉGEK, AMELYEK ÉLETET KÖVETELNEK..58

10. NAP: KODARATLANSÁG ÉS TÖRÉS – AMIKOR A MÉH CSATATÉRRÉ VÁLIK...61

11. NAP: AUTOIMMUN RENDELLENESSÉGEK ÉS KRÓNIKUS FÁRADTSÁG – A LÁTHATATLAN BELSŐ HÁBORÚ 64

12. NAP: EPILEPSZIA ÉS MENTÁLIS GYÖNTÖRÉS – AMIKOR AZ ELME CSATATERÉVÉ VÁLIK...68

13. NAP: A FÉLELEM SZELLEME – A LÁTHATATLAN KÍNÁLAT KETRECE TÖRÉSE..71

14. NAP: SÁTÁNI JELEK – A SZENTSÉGTELEN BELÉPÉS ELTÁVOLÍTÁSA..74

15. NAP: A TÜKÖRBIRODALOM – SZÖKÉS A TÜKRÖZÉSEK BÖRTÖNBŐL...77

16. NAP: A SZÓÁTKOK KÖTELÉKÉNEK MEGSZAKÍTÁSA – A NEVED, A JÖVŐD VISSZASZERZÉSE 81

17. NAP: SZABADULÁS AZ IRÁNYÍTÁS ÉS A MANIPULÁCIÓ ALÓL...85

18. NAP: A MEGBOCSÁTATLANSÁG ÉS A KESERŰSÉG HATALMÁNAK MEGTÖRÉSE..89

19. NAP: GYÓGYULÁS A SZÉGYENBŐL ÉS A KÁRHOZTATÁSBÓL...92

20. NAP: HÁZI BOSZORKÁNYSÁG – AMIKOR A SÖTÉTSÉG AZONOS TETŐ ALATT ÉL...95

21. NAP: A JEZABEL SZELLEME – CSÁBÍTÁS, IRÁNYÍTÁS ÉS VALLÁSI MANIPULÁCIÓ..99

22. NAP: PITONOK ÉS IMÁK – A SZŰRÉS SZELLEMÉNEK MEGTÖRÉSE..103

23. NAP: A GONOSSÁG TRÓNJAI — TERÜLETI ERŐDÖK LEROMBOLÁSA..106

24. NAP: LÉLEKTÖREDÉKEK – AMIKOR HIÁNYZNAK BELŐLED...109

25. NAP: AZ IDEGEN GYERMEKEK ÁTKA – AMIKOR A SORSOK SZÜLETÉSKOR FELCSERÉLŐDNEK 112

26. NAP: A HATALOM REJTETT OLTÁRAI — SZABADULÁS AZ ELIT OKKULTIKUS SZÖVETSÉGEKTŐL 116

27. NAP: SZENTSÉGTELEN SZÖVETSÉGEK — SZABADKŐMŰVESSÉG, ILLUMINATI ÉS SPIRITUÁLIS BESZIVÁRGÁS 119

28. NAP: KABBALA, ENERGIAHÁLÓZATOK ÉS A MISTERIKUS „FÉNY" CSÁBÍTÁSA..................123

29. NAP: AZ ILLUMINATI FÁTYOL – AZ ELIT OKKULT HÁLÓZATOK LELEPLEZÉSE..................127

30. NAP: A MISZTÉRIUMISKOLA – ŐSI TITKOK, MODERN RABASÁG..................130

31. NAP: KABBALA, SZENT GEOMETRIA ÉS ELIT FÉNYCSALÁS..................134

3. NAP 2: A BELSŐ KÍGYÓSZELLEM – AMIKOR A SZABADULÁS TÚL KÉSŐN JÖN 138

33. NAP: A BELSŐ KÍGYÓSZELLEM – AMIKOR A SZABADULÁS TÚL KÉSŐN JÖN..................142

34. NAP: KŐMŰVESEK, KÓDOK ÉS ÁTKOK — Amikor a testvériség rabsággá válik..................146

35. NAP: BOSZORKÁNYOK A PADOKBAN – AMIKOR A GONOSZ BEHAT BELE A TEMPLOM AJTAJÁN..................150

36. NAP: KÓDOLT VARÁZSLATOK – AMIKOR A DALOK, A DIVAT ÉS A FILMEK PORTÁLOKKÁ VÁLNAK..................154

37. NAP: A HATALOM LÁTHATATLAN OLTÁRAI — SZABADKŐMŰVESEK, KABBALA ÉS OKKULT ELITEK..................158

38. NAP: MÉHBELI SZÖVETSÉGEK ÉS VÍZI KIRÁLYSÁGOK – AMIKOR A SORSOT A SZÜLETÉS ELŐTT BESZENNYEZŐDIK...162

39. NAP: VÍZKERESZTELTSÉG A RABASÁGBA – HOGYAN NYITJÁK MEG AZ AJTÓKAT A CSECSEMŐK, A KEZDETBETŰK ÉS A LÁTHATATLAN SZÖVETSÉGEK 166

40. NAP: A SZÁLLÍTOTTÓL A SZÁLLÍTÓIG – A FÁJDALOM A SZENTELÉSED..................170

360°-OS NAPONTA SZABADULÁS ÉS URALOM KIJELENTÉSE – 1. rész..................173

360°-OS NAPONTA SZABADULÁS ÉS URALOM KIJELENTÉSE –
2. rész 175
360°-OS NAPONTA SZABADULÁS ÉS URALOM KIJELENTÉSE -
3. rész 179
BEFEJEZÉS: A TÚLÉLÉSTŐL A FIÚSÁGIG – SZABADON
MARADNI, SZABADON ÉLNI, MÁSOKAT SZABADRA TESZNI .. 183
   Hogyan születhetünk újjá és kezdhetünk új életet Krisztussal 186
   Az üdvösségem pillanata 188
   Új élet Krisztusban tanúsítvány 189
   KAPCSOLATKOZZON A GOD'S EAGLE MINISTERIES-HEZ . 190
   AJÁNLOTT KÖNYVEK ÉS FORRÁSOK 192
   1. FÜGGELÉK: Ima a rejtett boszorkányság, okkult gyakorlatok vagy furcsa oltárok felismeréséért a templomban 206
   2. FÜGGELÉK: Médiától való lemondás és tisztítási protokoll 207
   3. FÜGGELÉK: Szabadkőművesség, Kabbala, Kundalini, Boszorkányság, Okkult Lemondási Szkript 208
   4. FÜGGELÉK: Kenetolaj aktiválási útmutató 209
   FÜGGELÉK : Videós források bizonyságokkal a lelki növekedésért 210
   UTOLSÓ FIGYELMEZTETÉS: Ezzel nem játszhatsz 211

Szerzői jogi oldal

A SÖTÉTSÉGTŐL AZ URALOMIG: 40 nap a sötétség rejtett szorításából való kiszabaduláshoz – Globális áhítat a tudatosságról, a megszabadulásról és az erőről,

írta Zacharias Godseagle , Comfort Ladi Ogbe & Ambassador Monday O. Ogbe

Copyright © 2025 **Zacharias Godseagle és a God's Eagle Ministries – GEM**

Minden jog fenntartva.

A kiadvány egyetlen részét sem szabad reprodukálni, adatrögzítő rendszerben tárolni, illetve semmilyen formában vagy eszközzel – elektronikus, mechanikus, fénymásolás, rögzítés, szkennelés vagy egyéb módon – továbbítani a kiadó előzetes írásbeli engedélye nélkül, kivéve a kritikai cikkekben vagy ismertetőkben szereplő rövid idézeteket.

Ez a könyv ismeretterjesztő és vallásos irodalom. Néhány nevet és azonosító adatot a szükséges esetekben megváltoztattunk az adatvédelem érdekében.

A szentírási idézetek a következő helyről származnak:

- *Új Élő Fordítás (NLT)* , © 1996, 2004, 2015, Tyndale House Alapítvány. Engedéllyel felhasználva. Minden jog fenntartva.

Borítóterv: GEM TEAM
Belső elrendezés a GEM TEAM-től
Kiadó:
Zacharias Godseagle és God's Eagle Ministries – GEM
www.otakada.org [1] | ambassador@otakada.org
Első kiadás, 2025.
Nyomtatva az Amerikai Egyesült Államokban.

---

1. http://www.otakada.org

A könyvről – A SÖTÉTSÉGTŐL AZ URALOMIG

A SÖTÉTSÉGTŐL AZ URALOMIG: 40 nap a sötétség rejtett szorításából való kiszabaduláshoz - *Globális áhítat a tudatosságról, a megszabadulásról és az erőről - Egyéneknek, családoknak és nemzeteknek, akik készen állnak a szabadulásra* nem csupán egy áhítat – ez egy 40 napos globális szabadulási találkozó **elnökök, miniszterelnökök, lelkészek, egyházi dolgozók, vezérigazgatók, szülők, tinédzserek és minden hívő számára**, aki nem hajlandó csendes vereségben élni.

Ez az erőteljes, 40 napos áhítat *a spirituális hadviselésről, az ősi oltároktól való megszabadulásról, a lelki kötelékek elszakításáról, az okkultizmus leleplezéséről, valamint volt boszorkányok, korábbi sátánisták* és a sötétség hatalmait legyőzők világméretű tanúságtételeivel foglalkozik.

Akár **egy országot vezetsz**, akár **egy gyülekezetet pásztorolsz**, akár **egy vállalkozást vezetsz**, akár **a családodért küzdesz az imakamrában**, ez a könyv leleplezi, amit elrejtettek, szembenéz azzal, amit figyelmen kívül hagytak, és erőt ad ahhoz, hogy kiszabadulj.

40 napos globális áhítat a tudatosságról, a megszabadulásról és az erőről

Ezeken az oldalakon a következőkkel találkozhatsz:

- Vérvonal-átkok és ősi szövetségek
- Szellemházastársak, tengeri szellemek és asztrális manipuláció
- Szabadkőművesség, Kabbala, kundalini ébredések és boszorkánysági oltárok
- Gyermekszentelések, születés előtti beavatások és démoni teherhordók
- Médiabeszivárgás, szexuális trauma és lélekfragmentáció

- Titkos társaságok, démoni mesterséges intelligencia és hamis újjáéledési mozgalmak

Minden nap tartalmaz:
- *Egy valós történetet vagy globális mintát*
- *Szentírás-alapú meglátásokat*
- *Csoportos és személyes alkalmazásokat*
- *Szabadító imát + elmélkedési naplót*

Ez a könyv Neked szól , ha:

- Egy **elnök vagy politikus,** aki spirituális tisztánlátásra és nemzete védelmére törekszik
- Egy **lelkész, közbenjáró vagy egyházi munkás,** aki láthatatlan erőkkel küzd, amelyek ellenállnak a növekedésnek és a tisztaságnak
- Egy **vezérigazgató vagy üzleti vezető** megmagyarázhatatlan háborúval és szabotázzsal néz szembe
- Egy **tinédzser vagy diák,** akit álmok, gyötrelmek vagy furcsa események gyötörnek
- Egy **szülő vagy gondozó** spirituális mintákat vesz észre a vérvonaladban
- Egy **keresztény vezető,** aki belefáradt a végtelen imaciklusokba, amelyekben nem történt áttörés
- Vagy egyszerűen egy **hívő, aki készen áll arra, hogy a túlélésből a győztes uralomra jusson**

Miért ez a könyv?

Mert egy olyan korban, amikor a sötétség a fény álarcát viseli, **a szabadulás már nem opcionális** .

És **a hatalom a tájékozottak, a felszereltek és a megadóké** .

Írta: Zacharias Godseagle , Monday O. Ogbe nagykövet és Comfort Ladi Ogbe , ez több mint tanítás – ez egy **globális ébresztő felhívás** az Egyház, a család és a nemzetek számára, hogy keljenek fel és harcoljanak – nem félelemmel, hanem **bölcsességgel és tekintéllyel** .

Nem taníthatod azt, amit nem adtál át. És nem uralkodhatsz, amíg ki nem szabadulsz a sötétség szorításából.

Törd meg a ciklusokat. Nézz szembe a rejtetttel. Szerezd vissza a sorsod – napról napra.

Hátsó borító szövege

A SÖTÉTSÉGTŐL AZ URALOMIG
   40 nap a sötétség rejtett szorításából való kiszabaduláshoz

A tudatosság, a megszabadulás és az erő globális áhítata

Elnök , **lelkész** , **szülő** vagy **imádkozó hívő vagy** – **aki** kétségbeesetten vágyik a tartós szabadságra és az áttörésre?

Ez nem csupán egy áhítat. Ez egy 40 napos, globális utazás az **ősi szövetségek, az okkult rabság, a tengeri szellemek, a lélektöredezettség, a média beszivárgása és sok más láthatatlan csataterén keresztül**. Minden nap valódi tanúságtételeket, globális megnyilvánulásokat és cselekvésre ösztönző szabadulási stratégiákat tár fel.

Felfeded majd:

- Hogyan nyílnak meg a spirituális kapuk – és hogyan lehet őket bezárni
- Az ismétlődő késlekedés, gyötrelem és rabság rejtett gyökerei
- Erőteljes napi imák, elmélkedések és csoportos alkalmazások
- Hogyan lépjünk be **az uralomba** , ne csak a szabadulásba

Az afrikai boszorkányoltároktól **az** észak-amerikai **new age megtévesztésig** ... az európai **titkos társaságoktól** a latin-amerikai **vérszerződésekig – ez a könyv mindent leleplez** .

A SÖTÉTSÉGTŐL AZ URALOMIG című könyv a szabadsághoz vezető útiterv, **lelkészek, vezetők, családok, tinédzserek, szakemberek, vezérigazgatók** és bárki számára íródott, aki belefáradt a győzelem nélküli háborúkba.

„Nem taníthatod azt, amit nem adtál át. És nem uralkodhatsz, amíg ki nem szabadulsz a sötétség szorításából."

Egy bekezdéses média promóció (sajtó/e-mail/hirdetési összefoglaló)

A SÖTÉTSÉGBŐL AZ URALOMIG: 40 nap a sötétség rejtett szorításából való kiszabaduláshoz egy globális áhítat, amely feltárja, hogyan szivárog be az ellenség életekbe, családokba és nemzetekbe oltárokon, vérvonalakon, titkos társaságokon, okkult rituálékon és mindennapi kompromisszumokon keresztül. Minden kontinensről származó történetekkel és csatában próbára tett szabadulási stratégiákkal ez a könyv elnököknek és lelkészeknek, vezérigazgatóknak és tinédzsereknek, háztartásbelieknek és spirituális harcosoknak szól – bárkinek, aki kétségbeesetten vágyik a tartós szabadságra. Nem csak olvasmány – hanem láncok eltörésére is szolgál.

Javasolt címkék

- szabadulás áhítatos
- lelki hadviselés
- exokkult vallomások
- ima és böjt
- generációs átkok megtörése
- szabadság a sötétségtől
- Keresztény spirituális tekintély
- tengeri szeszes italok
- kundalini megtévesztés
- titkos társaságok leleplezve
- 40 napos szállítás

 # Hashtagek kampányokhoz
#SötétségbőlUralomba
#SzabadulásÁhítatos

#BreakTheLáncok
#SzabadságKrisztusÁt
#GlobálisÉbredés
#RejtettCsatákLeleplezve
#ImádkozzASzabadságért
#SpirituálisHadviselésKönyv
#ASötétségbőlAFénybe
#KirályságHatósága
#NincsTöbbKötözés
#ExOccultVallomások
#KundaliniFigyelmeztetés
#TengeriSzellemekKiszolgáltatva
#40NapSzabadság

Ajánlás

Annak, aki a sötétségből csodálatos világosságára hívott el minket – **Jézus Krisztusnak**, a mi Megváltónknak, Világossághozónknak és Dicsőség Királyának.

Minden léleknek, aki csendben kiált – láthatatlan láncok fogságában, álmok kísértetében, hangok gyötörtetve, és sötétséggel küzdve olyan helyeken, ahol senki sem lát – ez az utazás neked szól.

A **pásztoroknak**, **közbenjáróknak** és **a falon álló őrállóknak**,

az **anyáknak**, akik egész éjjel imádkoznak, és az **apáknak**, akik nem adják fel,

a túl sokat látó **fiatal fiúnak**, **és a** túl korán a gonosz által megjelölt **kislánynak**, a **vezérigazgatóknak**, **elnököknek** és **döntéshozóknak,** akik láthatatlan súlyokat cipelnek a közhatalom mögött,

a titkos rabsággal küzdő **egyházi dolgozóknak** és a **lelki harcosoknak**, akik mernek visszavágni –

Ez a hívás a tiétek, hogy keljetek fel.

És köszönöm a bátraknak, akik megosztották történeteiket. A sebeitek most másokat is szabaddá tesznek.

Világosítson utat ez az áhítat az árnyakon át, és vezessen sokakat az uralkodáshoz, a gyógyuláshoz és a szent tűzhöz.

Nem feledkeztek meg rólad. Nem vagytok erőtlenek. Szabadságra születtetek.

– *Zacharias Godseagle*, *Monday O. Ogbe nagykövet és Comfort Ladi Ogbe*

Köszönetnyilvánítás

Elsősorban és mindenekelőtt elismerjük **a Mindenható Istent – Atyát, Fiút és Szentlelket**, a Világosság és Igazság Szerzőjét, aki megnyitotta szemünket a zárt ajtók, fátylak, szószékek és emelvények mögött zajló láthatatlan csatákra. Jézus Krisztusnak, a mi Megváltónknak és Királyunknak adunk minden dicsőséget.

A világ minden táján élő bátor férfiaknak és nőknek, akik megosztották velünk gyötrelmük, győzelmük és átalakulásuk történetét – bátorságotok egy globális szabadsághullámot gyújtott fel. Köszönjük, hogy megtörtétek a csendet.

A falon álló szolgálatoknak és őrállóknak, akik rejtett helyeken fáradoztak – tanítottak, közbenjártak, szabadítottak és ítélkeztek –, tisztelettel adózunk kitartásotoknak. Engedelmességetek továbbra is lerombolja az erődöket és leleplezi a megtévesztést a magas helyeken.

Családjainknak, imatársainknak és támogató csapatainknak, akik velünk tartottak, miközben a lelki romokon át ástuk magunkat az igazság feltárásáért – köszönjük rendíthetetlen hiteteket és türelmeteket.

Kutatóknak, YouTube-tanúvallomásoknak, leleplezőknek és királyságharcosoknak, akik platformjaikon keresztül leleplezik a sötétséget – bátorságotok mély betekintést, felismerést és sürgősséget adott ehhez a munkához.

Krisztus Testének : ez a könyv a tiéd is. Ébresszen fel benned szent elhatározást, hogy éber, józan ítélőképességű és félelem nélküli légy. Nem szakértőként, hanem tanúként írunk. Nem bírákként, hanem megváltottakként állunk.

És végül, **eme áhítat olvasóinak** – keresőknek, harcosoknak, lelkészeknek, szabadító szolgálattevőknek, túlélőknek és igazságszeretőknek minden

nemzetből – kívánok minden oldal erőt arra, hogy továbblépjetek ...
sötétségből uralom .
— **Zacharias Godseagle**
— **nagykövet Monday O. Ogbe**
— **Comfort Ladi Ogbe**

Az olvasónak

Ez nem csak egy könyv. Ez egy felhívás. Felhívás arra, hogy feltárjuk azt, ami régóta rejtve van – hogy szembenézzünk a generációkat, rendszereket és lelkeket formáló láthatatlan erőkkel. Akár **fiatal kereső vagy** , **megnevezhetetlen csatáktól megviselt lelkész** , **éjszakai rémületekkel küzdő üzletvezető** , vagy a **kérlelhetetlen nemzeti sötétséggel szembesülő államfő** , ez az áhítat **kalauzol minket az árnyékból ki** .

Az **egyénnek** : Nem vagy őrült. Amit érzékelsz – álmaidban, a légköródben, a vérvonaladban –, az valóban spirituális lehet. Isten nem csupán gyógyító; Ő egy szabadító is.

A **családnak** : Ez a 40 napos utazás segít azonosítani a vérvonaladat régóta gyötörő mintákat – függőségek, korai halálesetek, válások, meddőség, mentális gyötrelmek, hirtelen szegénység –, és eszközöket ad ezek megtörésére.

vezetőknek **és lelkészeknek** : Bárcsak ez mélyebb tisztánlátást és bátorságot ébresztene bennünk, hogy ne csak a pulpitusról, hanem a szószékről is szembenézhessünk a szellemi birodalommal. A szabadulás nem opcionális. A missziós küldetés része.

Vezérigazgatóknak , **vállalkozóknak és szakembereknek** : A spirituális szövetségek a tárgyalótermekben is működnek. Ajánld fel vállalkozásodat Istennek. Rontsd le az üzleti szerencsének, vérszerződéseknek vagy szabadkőműves kegyeknek álcázott ősi oltárokat. Építs tiszta kézzel.

Az **őrállóknak és közbenjáróknak** : Éberségetek nem volt hiábavaló. Ez az erőforrás fegyver a kezetekben – városotok, régiótok, nemzetetek számára.

Elnököknek **és miniszterelnököknek** , ha ez valaha is az asztalukra kerül: A nemzeteket nem csupán politikák irányítják. Oltárok uralják őket – titokban vagy nyilvánosan emelve. Amíg a rejtett alapokkal nem foglalkozunk, a béke elérhetetlen marad. Kívánom, hogy ez az áhítat generációs megújulásra ösztönözze Önöket.

A kétségbeesett **fiatalembernek vagy nőnek, aki ezt olvassa: Isten lát téged. Ő választott ki téged. És Ő húz ki téged – örökre.**

Ez a te utad. Napról napra. Láncról láncra.

A sötétségből az uralomba – itt a te időd.

A könyv használata

A SÖTÉTSÉGBŐL AZ URALOMIG: A 40 nap a sötétség rejtett szorításából való kiszabaduláshoz több mint egy áhítat – ez egy szabadulási kézikönyv, spirituális méregtelenítés és egy harci kiképzőtábor. Akár egyedül, csoporttal, templomban vagy másokat irányító vezetőként olvasol, íme, hogyan hozhatod ki a legtöbbet ebből a hatékony 40 napos utazásból:

Napi ritmus

Minden nap egy következetes struktúrát követ, hogy segítsen a szellem, a lélek és a test megmozgatásában:

- **Fő áhítatos tanítás** – Egy kinyilatkoztató téma, amely feltárja a rejtett sötétséget.
- **Globális kontextus** – Hogyan nyilvánul meg ez az erősség szerte a világon.
- **Valós történetek** – Valós szabadulási élmények különböző kultúrákból.
- **Akcióterv** – Személyes spirituális gyakorlatok, lemondás vagy nyilatkozatok.
- **Csoportos alkalmazás** – Kis csoportokban, családokban, gyülekezetekben vagy szabadulócsoportokban való használatra.
- **Kulcsfontosságú meglátás** – Egy leszűrt tanulság, amire emlékezhetünk és amiért imádkozhatunk.
- **Reflexiós napló** – Szívhez szóló kérdések az egyes igazságok mély feldolgozásához.
- **A szabadulás ima** – Célzott lelki harc ima az erődítmények lerombolására.

Amire szükséged lesz

- A **Bibliád**
- Egy **külön napló vagy jegyzetfüzet**
- **Kenetolaj** (opcionális, de hatékony az imádság alatt)
- Hajlandóság a Lélek vezetése szerint **böjtölni és imádkozni**
- **Felelősségvállalási partner vagy imacsoport** a mélyebb esetekhez

Hogyan használható csoportokkal vagy gyülekezetekkel

- **Naponta vagy hetente** találkozzatok, hogy megbeszéljétek a meglátásaitokat és együtt imádkozzatok.
- Bátorítsd a tagokat, hogy a csoportos foglalkozások előtt töltsék ki a **Reflexiós naplót**.
- Használd a **Csoportos Jelentkezés** részt beszélgetés, vallomás vagy közös megbocsátás pillanatainak elindítására.
- Jelöljön ki képzett vezetőket az intenzívebb megnyilvánulások kezelésére.

Lelkészeknek, vezetőknek és szabadító szolgálattevőknek

- Tanítsd a napi témákat a szószékről vagy a szabadítóképző iskolákban.
- Készítsd fel a csapatodat, hogy ezt az áhítatot tanácsadási útmutatóként használhassák.
- A szakaszokat szükség szerint testreszabhatod spirituális térképezéshez, megújulási gyűlésekhez vagy városi imaakciókhoz.

Függelékek felfedezésre

A könyv végén hasznos bónusz anyagokat találsz, többek között:

1. **A teljes megszabadulás napi kijelentése** – Mondd ki ezt hangosan minden reggel és este.
2. **Médiáról való lemondás útmutató** – Méregtelenítsd az életed a szórakoztatóiparban előforduló spirituális szennyeződésektől.

3. **Ima a rejtett oltárok felismeréséért a templomokban** – közbenjárókért és egyházi dolgozókért.
4. **Szabadkőművesség, Kabbala, Kundalini és Okkult Lemondási Szkriptek** – Erőteljes bűnbánati imák.
5. **Tömeges szabadítási ellenőrzőlista** – Használható keresztes hadjáratokon, háziközösségeken vagy személyes lelkigyakorlatokon.
6. **Tanúvallomás videó linkek**

Előszó

Egy háború dúl – láthatatlan, kimondatlan, de annál valóságosabb – férfiak, nők, gyermekek, családok, közösségek és nemzetek lelke felett.

Ez a könyv nem elméletből, hanem tűzből született. Síró szabadító szobákból. Árnyakban suttogott és háztetőkről kiabált bizonyságtételekből. Mély tanulmányozásból, globális közbenjárásból és a felszínes kereszténységgel szembeni szent frusztrációból, amely nem tud foglalkozni a hívőket még mindig körülvevő **sötétség gyökereivel**.

Túl sokan jutottak el a kereszthez, mégis láncokat cipelnek magukkal. Túl sok lelkész hirdeti a szabadságot, miközben titokban a vágy, a félelem vagy az ősi szövetségek démonai gyötörik őket. Túl sok család vergődik a szegénység, a perverzió, a függőség, a meddőség, a szégyen ördögi köreiben, és **nem tudják, miért**. És túl sok gyülekezet kerüli a démonokról, a boszorkányságról, a véráldozatokról vagy a szabadulásról való beszélgetést, mert az „túl intenzív".

De Jézus nem kerülte el a sötétséget – **szembeszállt vele**.

Nem hagyta figyelmen kívül a démonokat – **kiűzte őket**.

És nem csak azért halt meg, hogy megbocsásson neked – azért halt meg, hogy **megszabadítson téged**.

Ez a 40 napos globális áhítat nem egy kötetlen bibliatanulmányozás. Ez egy **lelki műtő**. A szabadság naplója. Egy térkép a pokolból azok számára, akik úgy érzik, hogy a megváltás és a valódi szabadság között ragadtak. Akár pornográfia által megkötött tinédzser, kígyóálmoktól gyötört First Lady, ősi bűntudattól gyötört miniszterelnök, titkos rabságból titkolózó próféta, vagy démoni álmokból felébredő gyermek vagy – ez az utazás neked szól.

A világ minden tájáról – Afrikából, Ázsiából, Európából, Észak- és Dél-Amerikából – származó történeteket fogsz találni, amelyek mind egy igazságot erősítenek meg: **az ördög nem személyválogató**. De Isten sem az. És amit másokért tett, azt meg tudja tenni érted is.

Ez a könyv a következők számára íródott:

- Személyes szabadulást kereső **egyének**
- **Családoknak, akiknek** generációs gyógyulásra van szükségük
- **Lelkészek** és egyházi dolgozók felszerelésre szorulnak
- **Üzleti vezetők** a magas pozíciókban zajló spirituális hadviselésben
- **Nemzetek** kiáltanak igazi megújulásért
- **Fiatalok**, akik tudtukon kívül ajtókat nyitottak ki
- **Szabadító lelkészek**, akiknek struktúrára és stratégiára van szükségük
- És még **azok is, akik nem hisznek a démonokban** – amíg el nem olvassák a saját történetüket ezeken az oldalakon

Feszültté válsz. Kihívásokkal fogsz szembesülni. De ha az úton maradsz, át is fogsz **alakulni**.

Nem csak úgy kiszabadulsz.

Uralomban fogsz járni.

Kezdjük.

— ***Zacharias Godseagle , Monday O. Ogbe nagykövet és Comfort Ladi Ogbe***

Előszó

Megmozdulás tapasztalható a nemzetek között. Megrendülés a szellemvilágban. A szószékektől a parlamentekig, a nappaliktól a földalatti templomokig mindenhol az emberek ráébrednek egy hátborzongató igazságra: alábecsültük az ellenség hatókörét – és félreértettük a Krisztusban birtokolt hatalmunkat.

A Sötétségtől az Uralomig című könyv nem csupán egy áhítat; ez egy harsány hívás. Egy prófétai kézikönyv. Mentőöv a gyötrődők, a megkötözöttek és az őszinte hívők számára, akik azon tűnődnek: „Miért vagyok még mindig bilincsekben?"

Mint aki tanúja volt a nemzetek közötti megújulásnak és szabadulásnak, első kézből tudom, hogy az Egyház nem tudásban szenved hiányt – lelki **tudatosságban**, **bátorságban** és **fegyelemben van hiányunk**. Ez a munka áthidalja ezt a szakadékot. Globális bizonyságtételeket, kemény igazságokat, gyakorlati cselekvést és a kereszt erejét szövi össze egy 40 napos utazásban, amely lerázza a port a szunnyadó életekről, és tüzet gyújt a fáradtakban.

A lelkésznek, aki mer szembenézni az oltárokkal, a fiatal felnőttnek, aki csendben küzd démoni álmokkal, a láthatatlan szövetségekbe bonyolódott vállalkozónak, és a vezetőnek, aki tudja, hogy valami *lelkileg nincs rendben,* de nem tudja megnevezni – ez a könyv neked szól.

Arra buzdítalak, hogy ne csak passzívan olvasd. Hadd ingerelje minden oldal a lelked. Hadd szüljön minden történet harcot. Hadd eddzen minden kijelentés a szádat, hogy tűzzel beszéljen. És amikor túlélted ezt a 40 napot, ne csak a szabadságodat ünnepeld – válj mások szabadságának eszközévé.

Mert az igazi uralom nem csupán a sötétségből való menekülést jelenti...
Hanem azt, hogy megfordulunk és másokat is a fényre vonunk.
Krisztus hatalmában és tekintélyében,
Ogbe nagykövet

Bevezetés

A SÖTÉTSÉGTŐL AZ URALOMIG: A 40 nap a sötétség rejtett szorításából való kiszabaduláshoz nem csupán egy újabb áhítat – ez egy globális ébresztő felhívás.

Szerte a világon – a vidéki falvaktól az elnöki palotákig, a templomok oltáraitól a tárgyalótermekig – férfiak és nők szabadságért kiáltanak. Nem csupán megváltásért. **Szabadulásért. Világosságért. Áttörésért. Teljességért. Békéért. Hatalomért.**

De íme az igazság: Nem vetheted el, amit eltűrsz. Nem szabadulhatsz meg attól, amit nem látsz. Ez a könyv a fényed ebben a sötétségben.

40 napon keresztül olyan tanításokon, történeteken, tanúságtételeken és stratégiai lépéseken fogsz keresztülmenni, amelyek leleplezik a sötétség rejtett működését, és erőt adnak a győzelemhez – szellemben, lélekben és testben.

Akár lelkész, vezérigazgató, misszionárius, közbenjáró, tinédzser, anya vagy államfő vagy, ennek a könyvnek a tartalma szembesíteni fog veled. Nem azért, hogy megszégyenítsen, hanem hogy felszabadítson és felkészítsen arra, hogy másokat is a szabadságba vezess.

Ez egy **globális áhítat a tudatosságról, a szabadulásról és az erőről** – a Szentírásban gyökerezve, valós élettörténetekkel élezve, és Jézus vérében átitatva.

Hogyan használjuk ezt az áhítatot?

1. **Kezdd az 5 alapvető fejezettel**
   . Ezek a fejezetek lefektetik az alapokat. Ne hagyd ki őket. Segítenek megérteni a sötétség spirituális felépítését és a hatalmat, amelyet kaptál, hogy felülemelkedj rajta.
2. **Járj végig tudatosan minden napon!**
   Minden napi bejegyzés tartalmaz egy központi témát, globális megnyilvánulásokat, egy valós történetet, szentírásokat, egy cselekvési

tervet, csoportos alkalmazási ötleteket, kulcsfontosságú meglátásokat, naplóötleteket és egy erőteljes imát.
3. **Zárd be minden napodat** A könyv végén található **Napi 360°-os Nyilatkozattal**
ez az erőteljes nyilatkozat arra szolgál, hogy megerősítse szabadságodat és megvédje spirituális kapuidat.
4. **Használd egyedül vagy csoportban**
Akár egyénileg, akár csoportban, otthoni közösségben, közbenjáró csapatban vagy szabadító szolgálatban mész keresztül ezen – engedd, hogy a Szentlélek vezesse a tempót és személyre szabja a harci tervet.
5. **Számíts ellenállásra – és**
eljön az áttörő ellenállás. De a szabadság is eljön. A szabadulás egy folyamat, és Jézus elkötelezett amellett, hogy veled együtt járja azt.

ALAPFEJEZETEK (Olvassa el az 1. nap előtt)

1. A Sötét Királyság eredete

Lucifer lázadásától a démoni hierarchiák és területi szellemek megjelenéséig ez a fejezet a sötétség bibliai és spirituális történetét követi nyomon. Ha megértjük, hol kezdődött, az segít felismerni, hogyan működik.

2. Hogyan működik ma a Sötét Királyság

A szövetségektől és véráldozatoktól az oltárokon, tengeri szellemeken át a technológiai beszivárgásig ez a fejezet feltárja az ősi szellemek modern arcát – beleértve azt is, hogyan szolgálhat álcázásként a média, a trendek és még a vallás is.

3. Belépési pontok: Hogyan válnak az emberek függővé?

Senki sem születik véletlenül rabságba. Ez a fejezet olyan kapukat vizsgál, mint a trauma, az ősi oltárok, a boszorkányság leleplezése, a lelki kötelékek, az okkult kíváncsiság, a szabadkőművesség, a hamis spiritualitás és a kulturális gyakorlatok.

4. Megnyilvánulások: A birtoklástól a megszállottságig

Hogyan néz ki a rabság? A rémálmoktól a házasságkötés késedelmén át a meddőségig, a függőségig, a dühöngésig és még a „szent nevetésig" is ez a fejezet feltárja, hogyan álcázzák magukat a démonok problémákká, ajándékokká vagy személyiségekké.

5. Az Ige ereje: A hívők tekintélye

Mielőtt elkezdenénk a 40 napos hadviselést, meg kell értened a Krisztusban lévő törvényes jogaidat. Ez a fejezet lelki törvényekkel, hadviselés fegyvereivel, szentírási protokollokkal és a szabadulás nyelvezetével vértez fel.

EGY VÉGSŐ BÁTÍTÁS, MIELŐTT KEZDŐDIK

Isten nem arra hív, hogy *irányítsd* a sötétséget.

Arra hív, hogy **uralkodj** rajta.

Nem erővel, nem hatalommal, hanem az Ő Lelke által.

Legyen ez a következő 40 nap több, mint egy áhítat.

Legyen temetés minden egyes oltárért, amely egykor uralt téged... és koronázás abba a sorsba, amelyet Isten rendelt neked.

Uralkodói utad most kezdődik.

1. FEJEZET: A SÖTÉT KIRÁLYSÁG EREDETE

„**M**ert nem vér és test ellen van nékünk tusakodásunk, hanem fejedelemségek ellen, hatalmasságok ellen, ez élet sötétségének világbírói ellen, a gonoszság lelkei ellen, amelyek a magasságban vannak." – Efezus 6:12

Jóval azelőtt, hogy az emberiség az idő színpadára lépett volna, egy láthatatlan háború tört ki az égben. Ez nem kardok vagy fegyverek háborúja volt, hanem lázadás – árulás a Magasságos Isten szentsége és hatalma ellen. A Biblia ezt a rejtélyt különböző szakaszokon keresztül fedi fel, amelyek Isten egyik legszebb angyalának – **Lucifernek**, a fénylőnek – a bukására utalnak, aki merte magát Isten trónja fölé emelni (Ézsaiás 14:12–15, Ezékiel 28:12–17).

Ez a kozmikus lázadás hozta létre a **Sötét Királyságot** – a spirituális ellenállás és megtévesztés birodalmát, amelyet bukott angyalok (most már démonok), fejedelemségek és Isten akarata és Isten népe ellen szövetkező hatalmak alkotnak.

A bukás és a sötétség kialakulása

LUCIFER NEM MINDIG volt gonosz. Tökéletes bölcsességben és szépségben teremtetett. De a büszkeség behatolt a szívébe, és a büszkeség lázadássá vált. Megtévesztette a mennyei angyalok egyharmadát, hogy kövessék őt (Jelenések 12:4), és kiűzték őket a mennyből. Az emberiség iránti gyűlöletük féltékenységből fakad – mert az emberiség Isten képére teremtetett, és uralmat kapott.

Így kezdődött a háború a **Fény Királysága** és a **Sötétség Királysága között** – egy láthatatlan konfliktus, amely minden lelket, minden otthont és minden nemzetet érint.

A Sötét Királyság globális kifejeződése

BÁR LÁTHATATLAN, ENNEK a sötét királyságnak a befolyása mélyen beágyazódik a következőkbe:

- **Kulturális hagyományok** (ősi kultusz, véráldozatok, titkos társaságok)
- **Szórakozás** (tudatalatti üzenetek, okkult zene és műsorok)
- **Kormányzás** (korrupció, vérszerződések, eskük)
- **Technológia** (eszközök a függőséghez, a kontrollhoz, az elme manipulálásához)
- **Oktatás** (humanizmus, relativizmus, hamis felvilágosodás)

Az afrikai dzsudzsutól a nyugati new age miszticizmusig, a közel-keleti dzsinn imádattól a dél-amerikai sámánizmusig a formák különböznek, de a **szellem ugyanaz** – megtévesztés, uralom és pusztítás.

Miért fontos ez a könyv most?

SÁTÁN LEGNAGYOBB TRÜKKJE az, hogy elhiteti az emberekkel, hogy nem létezik – vagy ami még rosszabb, hogy az útjai ártalmatlanok.

Ez az áhítat egy **spirituális intelligencia kézikönyv** – fellebbenti a fátylat, leleplezi Isten terveit, és felhatalmazza a hívőket szerte a kontinensen, hogy:

- **Ismerd fel a** belépési pontokat
- **Mondj le** rejtett szövetségekről
- **Állj** ellen a tekintéllyel
- **Visszaszerezni,** amit elloptak

Egy csatába születtél

EZ NEM EGY ÁHÍTAT A gyenge szívűeknek. Csatatérre születtél, nem játszótérre. De a jó hír az, hogy **Jézus már megnyerte a háborút!**

„Lefegyverezte a fejedelemségeket és a hatalmasságokat, nyilvánosan megszégyenítette őket, diadalmaskodva rajtuk őbenne." – Kolossé 2:15

Nem áldozat vagy. Több vagy, mint egy győztes Krisztus által. Fedjük fel a sötétséget – és lépjünk bátran a világosságra.

Kulcsfontosságú információk

A sötétség eredete a büszkeség, a lázadás és Isten uralmának elutasítása. Ugyanezek a magok ma is működnek az emberek és rendszerek szívében. Ahhoz, hogy megértsük a szellemi hadviselést, először meg kell értenünk, hogyan kezdődött a lázadás.

Reflection Journal

- Babonaságnak bélyegeztem a lelki hadviselést?
- Milyen kulturális vagy családi szokásokat normalizáltam, amelyek összefüggésben állhatnak az ősi lázadással?
- Valóban értem azt a háborút, amibe beleszülettem?

Megvilágosodás imája

Mennyei Atyám, mutasd meg nekem a lázadás rejtett gyökereit körülöttem és bennem. Fedd fel a sötétség hazugságait, amelyeket talán tudatlanul magamhoz öleltem. Hadd ragyogjon igazságod minden árnyékos helyre. A Világosság Országát választom. Az igazságban, az erőben és a szabadságban járok. Jézus nevében. Ámen.

2. FEJEZET: HOGYAN MŰKÖDIK MA A SÖTÉTSÉG KIRÁLYSÁGA

„**N**ehogy Sátán hatalmába kerítsen minket; mert nem vagyunk tudatlanok az ő szándékai felől." – 2Korinthus 2:11

A sötétség királysága nem rendszertelenül működik. Egy jól szervezett, mélyen rétegzett spirituális infrastruktúra, amely a katonai stratégiát tükrözi. Célja: beszivárogni, manipulálni, irányítani és végül elpusztítani. Ahogyan Isten országának is van rangja és rendje (apostolok, próféták stb.), úgy a sötétség királyságának is van – fejedelemségekkel, hatalmasságokkal, a sötétség uralkodóival és a gonoszság lelkeivel a magasságban (Efezus 6:12).

A Sötét Királyság nem mítosz. Nem folklór vagy vallási babona. Egy láthatatlan, de valós spirituális ügynökökből álló hálózat, amely manipulálja a rendszereket, embereket és még az egyházakat is, hogy teljesítse Sátán terveit. Míg sokan vasvillákat és vörös szarvakat képzelnek el, ennek a királyságnak a valódi működése sokkal kifinomultabb, szisztematikusabb és baljóslatúbb.

1. A megtévesztés a fizetőeszközük

Az ellenség hazugságokkal kereskedik. Az Édenkerttől (1Mózes 3) napjaink filozófiáiig Sátán taktikája mindig is az Isten Igéjébe vetett kételyek elültetésére irányult. Ma a megtévesztés a következő formában jelenik meg:

- *New Age tanítások álcázva megvilágosodásnak*
- *Kulturális büszkeségnek álcázott okkult gyakorlatok*
- *A boszorkányság dicsőítése a zenében, filmekben, rajzfilmekben és a közösségi média trendjeiben*

Az emberek tudtukon kívül rituálékon vesznek részt, vagy olyan médiát fogyasztanak, amely megkülönböztetés nélkül nyitja meg a spirituális kapukat.

2. A gonosz hierarchikus struktúrája

Ahogy Isten Királyságában rend uralkodik, úgy a sötét királyság is egy meghatározott hierarchia szerint működik:

- **Fejedelemségek** – Területi szellemek, amelyek befolyásolják a nemzeteket és a kormányokat
- **Hatalmak** – Olyan ügynökök, akik démoni rendszereken keresztül erőltetik a gonoszságot
- **A sötétség uralkodói** – a szellemi vakság, a bálványimádás és a hamis vallás koordinátorai
- **Lelki gonoszság a magaslatokon** – Elit szintű entitások, amelyek befolyásolják a globális kultúrát, gazdagságot és technológiát

Minden démon bizonyos feladatokra specializálódott – félelem, függőség, szexuális perverzió, zavarodottság, büszkeség, megosztottság.

3. A kulturális kontroll eszközei

Az ördögnek már nem kell fizikailag megjelennie. A kultúra végzi a nehéz munkát. A mai stratégiái a következők:

- **Tudat alatti üzenetek:** Rejtett szimbólumokkal és fordított üzenetekkel teli zenék, műsorok, hirdetések
- **Deszenzitizáció:** Ismételt kitettség a bűnnek (erőszak, meztelenség, káromkodás), amíg az „normálissá" nem válik.
- **Agykontroll technikák:** médiahipnózis, érzelmi manipuláció és függőséget okozó algoritmusok segítségével

Ez nem véletlen. Ezek olyan stratégiák, amelyek célja az erkölcsi meggyőződések gyengítése, a családok lerombolása és az igazság újraértelmezése.

4. Generációs megállapodások és vérvonalak

Álmok, rituálék, felajánlások vagy ősi paktumokon keresztül sokan akaratlanul is a sötétséggel szövetkeznek. Sátán ebből hasznot húz:

- Családi oltárok és ősi bálványok
- Szellemek megidézésére szolgáló névadó szertartások
- Titkos családi bűnök vagy átkok, amiket örököltek

Ezek jogi alapot nyitnak a szenvedésre, amíg Jézus vére által meg nem szegik a szövetséget.

5. Hamis csodák, hamis próféták

A Sötét Királyság szereti a vallást – különösen, ha hiányzik belőle az igazság és az erő. Hamis próféták, csábító szellemek és hamis csodák megtévesztik a tömegeket:

„Mert maga a Sátán is világosság angyalává változtatja magát." – 2Korinthus 11:14

Sokan ma olyan hangokat követnek, amelyek csiklandozzák a fülüket, de megkötik a lelküket.

Kulcsfontosságú információk

Az ördög nem mindig hangos – néha kompromisszumokon keresztül suttog. A Sötét Királyság legnagyszerűbb taktikája az, hogy meggyőzi az embereket arról, hogy szabadok, miközben alattomosan rabszolgasorban élnek.

Reflexiós napló:

- Hol láttad már ezeket a műveleteket a közösségedben vagy az országodban?
- Vannak olyan műsorok, zenék, alkalmazások vagy rituálék, amiket normalizáltál, és amelyek valójában a manipuláció eszközei lehetnek?

A tudatosság és a bűnbánat imája:

Uram Jézus, nyisd meg a szememet, hogy lássam az ellenség működését. Leleplez minden hazugságot, amiben hittem. Bocsáss meg minden ajtóért, amit tudatosan vagy tudattalanul kinyitottam. Megszegem a sötétséggel kötött megállapodást, és a Te igazságodat, a Te hatalmadat és a Te szabadságodat választom. Jézus nevében. Ámen.

3. FEJEZET: BELÉPÉSI PONTOK – HOGYAN KAPJA RÁ AZ EMBEREK A FÜGGŐSÉGET

„**N**e adjatok teret az ördögnek!" – Efézus 4:27
Minden kultúrában, generációban és otthonban vannak rejtett nyílások – kapuk, amelyeken keresztül a spirituális sötétség bejut. Ezek a belépési pontok elsőre ártalmatlannak tűnhetnek: egy gyermekkori játék, egy családi rituálé, egy könyv, egy film, egy feldolgozatlan trauma. De ha egyszer megnyílnak, legális talajt képeznek a démoni befolyás számára.

Közös belépési pontok

1. **Vérszövetségek** – Ősi eskük, rituálék és bálványimádás, amelyek továbbadják a hozzáférést a gonosz szellemekhez.
2. **Korai kitettség az okkultizmushoz** – Ahogy a bolíviai *Lourdes Valdivia* történetében is szerepel, a boszorkányságnak, spiritizmusnak vagy okkult rituáléknak kitett gyermekek gyakran spirituálisan kompromittálódnak.
3. **Média és zene** – A sötétséget, az érzékiséget vagy a lázadást dicsőítő dalok és filmek finoman spirituális befolyást válthatnak ki.
4. **Trauma és bántalmazás** – A szexuális bántalmazás, az erőszakos trauma vagy az elutasítás megrepesztheti a lelket az elnyomó szellemek előtt.
5. **Szexuális bűn és lelki kötelékek** – A tiltott szexuális egyesülések gyakran lelki kötelékeket és szellemek átvitelét hozzák létre.
6. **New Age és hamis vallás** – A kristályok, a jóga, a szellemi vezetők, a horoszkópok és a „fehér boszorkányság" burkolt meghívások.
7. **Keserűség és megbocsátás hiánya** – Ezek jogot adnak a démoni szellemeknek a kínzásra (lásd Máté 18:34).

Globális tanúvallomás kiemelt eseménye: *Lourdes Valdivia (Bolívia)*
Mindössze 7 évesen Lourdes édesanyján keresztül ismerkedett meg a boszorkánysággal, aki régóta okkultista volt. Háza tele volt szimbólumokkal, temetőkből származó csontokkal és varázskönyvekkel. Mielőtt végül megtalálta Jézust és kiszabadult, asztrális kivetítést, hangokat és gyötrelmeket tapasztalt. Az ő története is csak egy a sok közül – bizonyítva, hogyan nyitnak kaput a korai kitettség és a generációs befolyás a spirituális rabsághoz.

Nagyobb kihasználások referencia:
Történetek arról, hogyan nyitottak ki tudtukon kívül ajtókat „ártalmatlan" tevékenységek révén az emberek – hogy aztán a sötétség csapdájába essenek – találhatók *a Greater Exploits 14* és *a Delivered from the Power of Darkness című könyvekben*. (Lásd a függeléket)

Kulcsfontosságú információk
Az ellenség ritkán tör be. Arra vár, hogy kitáruljon egy ajtó. Ami ártatlannak, örökségnek vagy szórakoztatónak tűnik, néha pontosan az a kapu lehet, amire az ellenségnek szüksége van.

Reflection Journal

- Milyen életem pillanatai szolgálhattak spirituális belépési pontként?
- Vannak-e „ártalmatlan" hagyományok vagy tárgyak, amelyektől meg kell szabadulnom?
- Le kell mondanom valamiről a múltamból vagy a családomból?

Lemondó ima
Atyám, bezárok minden ajtót, amit én vagy őseim talán kinyitottunk a sötétség előtt. Megtagadok minden megállapodást, lelki köteléket és kitételt bármi szentségtelennek. Jézus vére által eltörök minden láncot. Kijelentem, hogy testem, lelkem és szellemem egyedül Krisztusé. Jézus nevében. Ámen.

4. FEJEZET: MEGNYILVÁNULÁSOK – A BIRTOKOLÁSTÓL A MEGSZÁLLODÁSIG

„**A**mikor a tisztátalan lélek kimegy az emberből, száraz helyeken bolyong, nyugalmat keres, de nem talál. Akkor ezt mondja: Visszatérek abba a házba, ahonnan kijöttem." – Máté 12:43

Amikor valaki a sötét királyság befolyása alá kerül, a megnyilvánulások a démoni hozzáférés mértékétől függően változnak. A spirituális ellenség nem elégszik meg a látogatással – végső célja a lakhatás és az uralom.

A megnyilvánulás szintjei

1. **Befolyás** – Az ellenség gondolatain, érzelmein és döntésein keresztül szerez befolyást.
2. **Elnyomás** – Külső nyomás, nehézség, zavarodottság és gyötrelem tapasztalható.
3. **Megszállottság** – A személy sötét gondolatokhoz vagy kényszeres viselkedéshez kötődik.
4. **Birtoklás** – Ritka, de valós esetekben démonok szállnak meg egy személyt, és felülírják az akaratát, hangját vagy testét.

A megnyilvánulás mértéke gyakran összefügg a spirituális kompromisszum mélységével.

Globális esettanulmányok a manifesztációról

- **Afrika:** Szellemházasság, őrület és rituális szolgaság esetei.
- **Európa:** New age hipnózis, asztrális projekció és elmefragmentáció.
- **Ázsia:** Ősi lelki kötelékek, reinkarnációs csapdák és vérvonal-fogalmak.

- **Dél-Amerika:** sámánizmus, szellemi vezetők, spirituális olvasási függőség.
- **Észak-Amerika:** Boszorkányság a médiában, „ártalmatlan" horoszkópok, szerekkel való átjárók.
- **Közel-Kelet:** Dzsinnekkel való találkozások, véreskük és prófétai hamisítások.

Minden kontinens ugyanazon démoni rendszer egyedi álcáját mutatja be – és a hívőknek meg kell tanulniuk felismerni a jeleket.

A démoni tevékenység gyakori tünetei

- Ismétlődő rémálmok vagy alvási bénulás
- Hangok vagy lelki gyötrelem
- Kényszeres bűn és ismételt visszaesés
- Megmagyarázhatatlan betegségek, félelem vagy düh
- Természetfeletti erő vagy tudás
- Hirtelen ellenszenv a spirituális dolgok iránt

Kulcsfontosságú információk

Amit „mentális", „érzelmi" vagy „orvosi" problémáknak nevezünk, néha lelki eredetűek lehetnek. Nem mindig – de elég gyakran ahhoz, hogy a megkülönböztető képesség kulcsfontosságú legyen.

Reflection Journal

- Észrevettem-e ismétlődő, spirituális természetű küzdelmeket?
- Vannak-e generációs pusztítási minták a családomban?
- Milyen médiát, zenét vagy kapcsolatokat engedek be az életembe?

Lemondó ima

Uram Jézus, megtagadok minden rejtett megállapodást, nyitott ajtót és istentelen szövetséget az életemben. Megszakítok minden köteléket mindazzal, ami nem Tőled való – tudatosan vagy tudatlanul. Meghívom a Szentlélek tüzét, hogy elhamvassza életemben a sötétség minden nyomát. Szabadíts meg teljesen. A te hatalmas nevedben. Ámen.

5. FEJEZET: AZ IGE EREJE – A HÍVŐK TANULSÁGA

„*Íme, hatalmat adok nektek, hogy kígyókon és skorpiókon tapodjatok, és az ellenség minden hatalmán; és semmi sem árthat nektek.*" – Lukács 10:19

Sok hívő fél a sötétségtől, mert nem érti a benne rejlő világosságot. A Szentírás mégis feltárja, hogy **Isten Igéje nemcsak kard (Efezus 6:17)** – hanem tűz (Jeremiás 23:29), kalapács, mag és maga az élet. A világosság és a sötétség harcában azok, akik ismerik és hirdetik az Igét, soha nem áldozatok.

Mi ez a hatalom?

A hívők hatalma a **delegált hatalom**. Mint egy kitűzőt viselő rendőr, mi sem a saját erőnkből állunk, hanem **Jézus nevében** és Isten Igéje által. Amikor Jézus legyőzte Sátánt a pusztában, nem kiáltott, nem sírt és nem esett pánikba – egyszerűen csak azt mondta: *„Meg van írva."*

Ez minden lelki hadviselés mintája.

Miért maradnak sok keresztény vereséget szenvedve?

1. **Tudatlanság** – Nem tudják, mit mond az Ige a kilétükről.
2. **Csend** – Nem hirdetik Isten Igéjét a helyzetek felett.
3. **Következetlenség** – Bűnös körökben élnek, ami aláássa az önbizalmat és a hozzáférést.

A győzelem nem arról szól, hogy hangosabban kiabáljunk, hanem arról, hogy **mélyebben higgyünk** és **bátran kiálljunk**.

Hatalom a gyakorlatban – Globális történetek

- **Nigéria:** Egy szektás csapdájába esett kisfiú megszabadult, miután édesanyja esténként következetesen megkente a szobáját, és a 91. zsoltárt mondta neki.

- **Egyesült Államok:** Egy korábbi wicca nő felhagyott a boszorkánysággal, miután egy kollégája hónapokon át naponta csendben szentírásokat hirdetett a munkaterülete felett.
- **India:** Egy hívő az Ézsaiás 54:17-et hirdette, miközben folyamatos fekete mágia támadásokkal nézett szembe – a támadások abbamaradtak, és a támadó beismerő vallomást tett.
- **Brazília:** Egy nő a Róma 8-ból vett napi kijelentéseket használta öngyilkossági gondolatai ellen, és természetfeletti békében kezdett élni.

Az Ige élő. Nincs szüksége a tökéletességünkre, csak a hitünkre és a megvallásunkra.

Hogyan használjuk a szót a hadviselésben

1. **Tanulj meg kívülről olyan szentírási részeket,** amelyek az identitással, a győzelemmel és a védelemmel kapcsolatosak.
2. **Mondd ki hangosan az Igét**, különösen lelki támadások idején.
3. **Használd imádságban**, hirdetve Isten ígéreteit a különböző helyzetekre vonatkozóan.
4. **Böjtölj + Imádkozz,** az Igét horgonyként használva (Máté 17:21).

Alapvető szentírások a hadviselésről

- *2Korinthus 10:3–5* – Erődök lerombolása
- *Ézsaiás 54:17* – Egyetlen kovácsolt fegyver sem lesz sikeres
- *Lukács 10:19* – Hatalom az ellenség felett
- *91. zsoltár* – Isteni védelem
- *Jelenések 12:11* – Vér és bizonyságtétel által győzedelmeskedni

Kulcsfontosságú információk

Isten Igéje a szádban ugyanolyan erőteljes, mint az Ige Isten szájában – ha hittel mondod.

Reflection Journal

- Ismerem-e a lelki jogaimat hívőként?

- Melyik szentírásoknál állok ma aktívan?
- Hagytam, hogy a félelem vagy a tudatlanság elnémítsa a tekintélyemet?

Az erő imája

Atyám, nyisd meg a szememet Krisztusban lévő hatalmamra. Taníts meg bátorsággal és hittel használni a Te Igédet. Ahol hagytam, hogy a félelem vagy a tudatlanság uralkodjon, hadd jöjjön a kinyilatkoztatás. Ma Isten gyermekeként állok, a Lélek kardjával felfegyverkezve. Kimondom az Igét. Győzelemben fogok megállni. Nem fogok félni az ellenségtől - mert nagyobb Ő, aki bennem van. Jézus nevében. Ámen.

1. NAP: VÉRVONALAK ÉS KAPUK — CSALÁDI LÁNCOK SZÉTTÖRÉSE

„*Atyáink vétkeztek, és nincsenek többé, mi pedig viseljük büntetésüket.*" – Jeremiás siralmai 5:7

Lehet, hogy üdvözülsz, de a vérvonaladnak továbbra is van történelme – és amíg a régi szövetségek meg nem szakadnak, azok tovább szólnak.

Minden kontinensen vannak rejtett oltárok, ősi paktumok, titkos fogadalmak és öröklött gonoszságok, amelyek aktívak maradnak, amíg konkrétan nem foglalkoznak velük. Ami a dédszülőkkel kezdődött, az talán még ma is a gyermekek sorsát diktálja.

Globális kifejezések

- **Afrika** – Családi istenek, jósdák, generációs boszorkányság, véráldozatok.
- **Ázsia** – Ősök imádata, reinkarnációs kötelékek, karmaláncok.
- **Latin-Amerika** – Santeria, háloltárok, sámánisztikus véreskük.
- **Európa** – szabadkőművesség, pogány gyökerek, vérvonal-egyezmények.
- **Észak-Amerika** – New age örökségek, szabadkőműves származás, okkult tárgyak.

Az átok addig tart, amíg valaki fel nem kel, és azt nem mondja: „Nincs többé!"

Mélyebb tanúságtétel – Gyógyulás a gyökerekből

Egy nyugat-afrikai nő, miután elolvasta *a Nagyobb hőstettek 14. fejezetét*, rájött, hogy krónikus vetélései és megmagyarázhatatlan gyötrelmei összefüggésben állnak nagyapja szentélypapi tisztségével. Évekkel ezelőtt elfogadta Krisztust, de soha nem foglalkozott a családi szövetségekkel.

Három nap ima és böjt után arra késztette, hogy elpusztítson bizonyos örökségeket és megtagadjon bizonyos szövetségeket a Galatákhoz írt levél 3:13 alapján. Ugyanebben a hónapban fogant és időre szült egy gyermeket. Ma másokat vezet a gyógyító és szabadító szolgálatban.

Megszabadulva a sötétség hatalmától című könyvből , szabadságra lelt, miután elutasította a dédapjától titokban örökölt szabadkőműves átkot. Amikor elkezdte alkalmazni az olyan szentírásokat, mint az Ézsaiás 49:24–26, és szabadulásért imádkozott, lelki gyötrelmei megszűntek, és otthon helyreállt a béke.

Ezek a történetek nem véletlenek – hanem a tettekben megnyilvánuló igazság bizonyságai.

Akcióterv – Családi leltár

1. Írj le minden ismert családi hiedelmet, gyakorlatot és hovatartozást – vallási, misztikus vagy titkos társaságokhoz való tartozást.
2. Kérd Istentől a rejtett oltárok és szövetségek kinyilatkoztatását.
3. Imádságos lélekkel semmisíts meg és dobj el minden olyan tárgyat, amely bálványimádáshoz vagy okkult gyakorlatokhoz kapcsolódik.
4. Böjtölj a vezetés szerint, és használd az alábbi szentírásokat a jogi út meghódításához:
    ◦ *3Mózes 26:40–42*
    ◦ *Ézsaiás 49:24–26*
    ◦ *Galaták 3:13*

CSOPORTOS MEGBESZÉLÉS és jelentkezés

- Milyen gyakori családi szokásokat tekintenek gyakran ártalmatlannak, de lelkileg veszélyesek lehetnek?
- Kérd meg a tagokat, hogy névtelenül osszák meg (ha szükséges) a vérvonalukban szereplő álmaikat, tárgyaikat vagy ismétlődő ciklusaikat.
- Csoportos lemondó ima – mindenki kimondhatja a lemondandó család vagy ügy nevét.

Szolgálati eszközök: Hozz magaddal kenetolajat. Vállalj fel úrvacsorát. Vezesd a csoportot egy szövetségi ima keretében, amely a helyettesítést jelenti – minden családvonalat Krisztusnak szentelve.

Kulcsfontosságú információk
Az újjászületés megmenti a lelkedet. A családi szövetségek megszegése megőrzi a sorsodat.

Reflection Journal

- Mi van a családomban? Minek kellene véget érnie velem?
- Vannak olyan tárgyak, nevek vagy hagyományok az otthonomban, amelyektől meg kellene szabadulnom?
- Milyen ajtókat nyitottak meg az őseim, amelyeket most nekem be kell zárnom?

A megszabadulás imája

Uram Jézus, köszönöm Neked a véredet, amely jobb dolgokat beszél. Ma megtagadok minden rejtett oltárt, családi szövetséget és öröklött rabszolgaságot. Megtöröm vérvonalam láncait, és kijelentem, hogy új teremtés vagyok. Életem, családom és sorsom mostantól egyedül a Tiéd. Jézus nevében. Ámen.

2. NAP: ÁLOMBETÖRÉSEK – AMIKOR AZ ÉJSZAKA CSATATÉRRÉ VÁLIK

„**M**íg az emberek aludtak, eljött az ellensége, konkolyt vetett a búza közé, és elment." – Máté 13:25

Sokak számára a legnagyobb lelki harc nem ébrenlét közben zajlik, hanem alvás közben.

Az álmok nem csupán véletlenszerű agyi aktivitást jeleznek. Spirituális kapuk, amelyeken keresztül figyelmeztetések, támadások, szövetségek és sorsok cserélődnek. Az ellenség az alvást csendes csatatérként használja a félelem, a vágy, a zavarodottság és a késlekedés elvetésére – mindezt ellenállás nélkül, mert a legtöbb ember nincs tudatában a hadviselésnek.

Globális kifejezések

- **Afrika** – Szellemi házastársak, kígyók, álmokban való evés, álarcosbálok.
- **Ázsia** – Ősökkel való találkozások, halálálmok, karmikus gyötrelmek.
- **Latin-Amerika** – Állatszerű démonok, árnyékok, alvási paralízis.
- **Észak-Amerika** – Asztrális projekció, földönkívüli álmok, trauma-visszajátszások.
- **Európa** – gótikus megnyilvánulások, szexdémonok (inkubusz/szukkubusz), lélekdarabolódások.

Ha Sátán képes irányítani az álmaidat, akkor befolyásolhatja a sorsodat is.

Vallomás – Az éjszakai rettegéstől a békéig

Egy fiatal brit nő e-mailt küldött, miután elolvasta *az Ex-Satanist: The James Exchange című könyvet* . Elmesélte, hogyan gyötörte éveken át az álma, hogy üldözik, kutyák harapják meg, vagy idegen férfiakkal fekszik le – mindezt pedig a való életben mindig kudarcok követték. Kapcsolatai kudarcba fulladtak, munkalehetőségei elpárologtak, és állandóan kimerült volt.

Böjtöléssel és a Jób 33:14–18-hoz hasonló szentírások tanulmányozásával felfedezte, hogy Isten gyakran szól álmokon keresztül – de az ellenség is. Elkezdte olajjal megkenni a fejét, ébredés után hangosan elutasítani a gonosz álmokat, és álomnaplót vezetni. Álmai fokozatosan tisztábbak és békésebbek lettek. Ma egy támogató csoportot vezet álomrohamoktól szenvedő fiatal nők számára.

Egy nigériai üzletember, miután meghallgatott egy YouTube-os vallomást, rájött, hogy az álma, miszerint minden este ételt szolgálnak fel neki, boszorkánysággal hozható összefüggésbe. Minden alkalommal, amikor elfogadta az ételt álmában, a dolgok rosszul mentek az üzletében. Megtanulta, hogy álmában azonnal elutasítsa az ételt, lefekvés előtt nyelveken imádkozzon, és most ehelyett isteni stratégiákat és figyelmeztetéseket lát.

Akcióterv – Éjjeli őrjáratok megerősítése

1. **Lefekvés előtt:** Olvasd fel hangosan az Igét. Imádkozz. Kend meg a fejed olajjal.
2. **Álomnapló:** Írj le minden álmodat ébredés után – jót vagy rosszat. Kérd a Szentlélek magyarázatát.
3. **Elutasítás és lemondás:** Ha az álom szexuális tevékenységet, halott rokonokat, evést vagy rabságot tartalmaz – azonnal utasítsd el imádságban.
4. **Szentírás-háború:**
    - *Zsoltárok 4:8* – Békés alvás
    - *Jób 33:14–18* – Isten álmokon keresztül szól hozzánk
    - *Máté 13:25* — Az ellenség konkolyt vet
    - *Ézsaiás 54:17* — Nincs ellened készült fegyver

Csoportos jelentkezés

- Osszátok meg névtelenül a legutóbbi álmaitokat. Hagyjátok, hogy a csoport felismerje a mintázatokat és a jelentéseket.
- Tanítsd meg a tagoknak, hogyan utasítsák el szóban a gonosz álmokat, és hogyan pecsételjék meg a jókat imában.

- Csoportnyilatkozat: „Jézus nevében megtiltjuk az álmainkban végrehajtott démoni tranzakciókat!"

Szolgálati eszközök:

- Hozz magaddal papírt és tollat az álomnapló írásához.
- Mutasd be, hogyan kell megkenni az otthonodat és az ágyadat.
- Ajánld fel az úrvacsorát szövetség pecsétjeként az éjszakára.

Kulcsfontosságú információk
Az álmok vagy isteni találkozásokhoz vezető kapuk, vagy démoni csapdák. A megkülönböztető képesség a kulcs.
Reflection Journal

- Milyen álmokat éltem át rendszeresen?
- Szánok időt arra, hogy átgondoljam az álmaimat?
- Figyelmeztettek az álmaim valamire, amit figyelmen kívül hagytam?

Az Éjjeli Őrség imája
Atyám, álmaimat Neked ajánlom. Ne engedd, hogy gonosz erő bejusson az álmomba. Elutasítok minden démoni szövetséget, szexuális beszennyezést vagy manipulációt álmaimban. Isteni látogatásban, mennyei útmutatásban és angyali védelemben részesülök alvás közben. Hadd töltsék be éjszakáimat a béke, a kinyilatkoztatás és az erő. Jézus nevében, ámen.

3. NAP: LELKI HÁZASTÁRSAK – SZENTSÉGTELEN EGYESÜLÉSEK, AMELYEK KÖTÖZIK A SORSUKAT

„**M**ert a férjed a Teremtőd – a Mindenható Úr az ő neve..." – Ézsaiás 54:5
„*Fiaikat és leányaikat ördögöknek áldozták.*" – Zsoltárok 106:37

Miközben sokan házassági áttörésre vágynak, nem veszik észre, hogy már egy **lelki házasságban élnek** – egy olyanban, amelybe soha nem egyeztek bele.

Ezek **álmok, molesztálás, vérrituálék, pornográfia, ősi eskük vagy démoni átvitel révén létrejövő szövetségek**. A szellemtárs – inkubusz (férfi) vagy szukkubusz (nő) – törvényes jogot szerez a személy testéhez, intimitásához és jövőjéhez, gyakran blokkolva a kapcsolatokat, lerombolva az otthonokat, vetéléseket okozva és függőségeket táplálva.

Globális manifesztációk

- **Afrika** – Tengeri szellemek (Mami Wata), vízi királyságok szellemfeleségei/férjei.
- **Ázsia** – Mennyei házasságok, karmikus lelkitársi átkok, reinkarnálódott házastársak.
- **Európa** – Boszorkányszakszervezetek, szabadkőműves vagy druida gyökerű démoni szeretők.
- **Latin-Amerika** – Santeria házasságok, szerelmi varázslatok, paktum alapú „szellemházasságok".
- **Észak-Amerika** – Pornó által kiváltott spirituális portálok, new age szexszellemek, földönkívüliek általi elrablások, mint inkubusz-találkozások megnyilvánulásai.

Valódi történetek – A házassági szabadságért folytatott küzdelem
Tolu, Nigéria

Tolu 32 éves és egyedülálló volt. Valahányszor eljegyezték egymást, a férfi hirtelen eltűnt. Állandóan arról álmodozott, hogy bonyolult szertartások keretében férjhez megy. *A Greater Exploits 14 című könyvben* felismerte, hogy az esete egyezik az ott megosztott tanúvallomással. Háromnapos böjtöt tartott, és éjfélkor harci imákat mondott, elvágva a lelki kötelékeket, és kiűzve a tengeri szellemet, amely magával ragadta. Ma már házas, és másokat is tanácsol.

Lina, Fülöp-szigetek

Lina gyakran érezte, hogy egy „jelenlét" lebeg az arcán éjszaka. Azt hitte, képzelődik, amíg mindenféle magyarázat nélkül zúzódások nem kezdtek megjelenni a lábán és a combján. Lelkésze felismerte benne a lelki társat. Bevallotta a korábbi abortuszát és pornográfiafüggőségét, majd megszabadult a betegségtől. Most fiatal nőknek segít hasonló mintákat azonosítani a közösségében.

Akcióterv – A szövetség megszegése

1. **Valld meg** és bánd meg a szexuális bűnöket, a lelki kötelékeket, az okkultizmushoz való hozzáférést vagy az ősi rituálékat.
2. Imádságban **utasíts el minden lelki házasságot – név szerint, ha felfedik.**
3. **Böjtölj** 3 napig (vagy a vezetés szerint), Ézsaiás 54-et és a 18. zsoltárt használva referenciaként.
4. **Semmisíts meg** fizikai emléktárgyakat: gyűrűket, ruhákat vagy ajándékokat, amelyek korábbi szeretőkhöz vagy okkult kapcsolatokhoz kapcsolódnak.
5. **Hangosan jelentsd ki :**

Nem vagyok semmilyen szellemmel házas. Jézus Krisztussal kötöttem szövetséget. Elutasítok minden démoni egyesülést testemben, lelkemben és szellememben!

Szentíráseszközök

- Ézsaiás 54:4–8 – Isten, mint igaz férjed
- Zsoltárok 18 – A halál kötelékeinek eltépése
- 1Korinthus 6:15–20 – Tested az Úré
- Hóseás 2:6–8 – Istentelen szövetségek megszegése

Csoportos jelentkezés

- Kérdezd meg a csoport tagjait: Álmodtál már esküvőről, idegenekkel való szexről vagy árnyékos alakokról éjszaka?
- Vezess egy csoportos lemondást a spirituális házastársak közül.
- Játsszátok el a „mennyei válópert" – minden résztvevő imádságban benyújtja lelki válóperét Isten előtt.
- Használj kenőolajat a fejedre, a hasadra és a lábadra a megtisztulás, a szaporodás és a mozgás szimbólumaként.

Kulcsfontosságú információk

A démoni házasságok valóságosak. De nincs olyan lelki egység, amelyet Jézus vére ne tudna felbontani.

Reflection Journal

- Ismétlődő álmaim voltak házasságról vagy szexről?
- Vannak-e az életemben elutasítás, késlekedés vagy vetélés mintái?
- Hajlandó vagyok-e teljesen átadni a testemet, a szexualitásomat és a jövőmet Istennek?

A szabadulás imája

Mennyei Atyám, megbánok minden ismert vagy ismeretlen szexuális bűnt. Elutasítok és megtagadok minden spirituális házastársat, tengeri szellemet vagy okkult házasságot, amely az életemet követeli. Jézus vérében lévő ereje által megtörök minden szövetséget, álommagot és lelki köteléket. Kijelentem, hogy Krisztus menyasszonya vagyok, akit az Ő dicsőségére választottam el. Szabadon járok, Jézus nevében. Ámen.

4. NAP: ÁTKOZOTT TÁRGYAK – BECSUTÓ AJTÓK

„*Ne vigyél be utálatos dolgot a házadba, hogy ne átok érjen téged is, mint azt.*" – 5Mózes 7:26

Egy rejtett bejegyzés, amit sokan figyelmen kívül hagynak

Nem minden tulajdon csak tulajdon. Vannak dolgok, amelyek történelmet hordoznak. Mások szellemeket hordoznak. Az elátkozott tárgyak nemcsak bálványok vagy tárgyak – lehetnek könyvek, ékszerek, szobrok, szimbólumok, ajándékok, ruhák, vagy akár örökölt ereklyék, amelyeket egykor sötét erőknek szenteltek. Ami a polcodon, a csuklódon, a faladon van – az lehet a kín belépési pontja az életedben.

Globális megfigyelések

- **Afrika** : Lokabasok, talizmánok és karkötők, amelyeket varázslódoktorokhoz vagy ősi imádathoz kötöttek.
- **Ázsia** : Amulettek, állatövi szobrok és templomi szuvenírek.
- **Latin-Amerika** : Santería nyakláncok, babák, gyertyák szeszes feliratokkal.
- **Észak-Amerika** : Tarot kártyák, Ouija táblák, álomfogók, horror emléktárgyak.
- **Európa** : Pogány ereklyék, okkult könyvek, boszorkány témájú kiegészítők.

Egy európai házaspár hirtelen megbetegedett és lelkileg levert lett, miután visszatértek a bali nyaralásukból. Nem tudták, hogy egy helyi tengeri istenségnek szentelt faragott szobrot vásároltak. Imádkoztak és mérlegelték a helyzetet, majd elvitték a szobrot, és elégették. Azonnal visszatért a béke.

Egy másik nő a *Greater Exploits* vallomásaiból megmagyarázhatatlan rémálmokról számolt be, amíg kiderült, hogy a nagynénjétől ajándékba kapott nyaklánc valójában egy szentélyben felszentelt spirituális megfigyelőeszköz.

Nem csak fizikailag kell kitakarítanod a házadat – lelkileg is ki kell takarítanod.

Vallomás: „A baba, amelyik figyelt engem"

Lourdes Valdivia, akinek a dél-amerikai történetét korábban már megismerhettük, egyszer egy porcelánbabát kapott egy családi ünnepségen. Az anyja egy okkult rituálé során megszentelte. Attól az éjszakától kezdve, hogy bevitték a szobájába, Lourdes hangokat kezdett hallani, alvási bénulást tapasztalt, és éjszaka alakokat látott.

Csak akkor szabadult meg tőle, amikor egy keresztény barátja imádkozott vele, és a Szentlélek felfedte a baba eredetét. A démoni jelenlét azonnal távozott. Ez indította el az ébredését – az elnyomásból a szabadulásba.

Akcióterv – Ház és Szív Ellenőrzés

1. **Járj végig** otthonod minden szobáján kenet olajjal és az Igével.
2. **Kérd a Szentlelket,** hogy emeljen ki olyan tárgyakat vagy ajándékokat, amelyek nem Istentől valók.
3. **Égesd el vagy dobd ki** az okkultizmushoz, bálványimádáshoz vagy erkölcstelenséghez kapcsolódó tárgyakat.
4. **Zárj be minden ajtót** olyan szentírásokkal, mint:
    - *5Mózes 7:26*
    - *Apostolok Cselekedetei 19:19*
    - *2Korinthus 6:16–18*

Csoportos megbeszélés és aktiválás

- Ossz meg minden olyan tárgyat vagy ajándékot, ami valaha a tulajdonodban volt, és szokatlan hatással volt az életedre.
- Készítsetek közösen egy „Háztakarítási ellenőrzőlistát".
- Jelölj ki párokat, hogy egymás otthoni környezetében imádkozzanak (engedéllyel).
- Hívj meg egy helyi szabadító lelkészt, hogy vezessen egy prófétai otthontisztító imát.

Eszközök a szolgálathoz: Kenetolaj, dicsőítő zene, szemeteszsákok (a valódi hulladék eldobásához) és egy tűzálló tartály a megsemmisítendő tárgyaknak.

Kulcsfontosságú információk
Amit megengedsz a teredben, az szellemeket hatalmazza fel az életedben.

Reflection Journal

- Melyek azok a tárgyak az otthonomban vagy a ruhatáramban, amelyeknek tisztázatlan spirituális eredetük van?
- Ragaszkodtam valamihez érzelmi érték miatt, amitől most meg kell válnom?
- Készen állok arra, hogy megszenteljem a terem a Szentlélek számára?

Megtisztító ima
Uram Jézus, kérem Szentlelkedet, hogy leplezz le mindent otthonomban, ami nem Tőled való. Megtagadok minden átkozott tárgyat, ajándékot vagy tárgyat, ami a sötétséghez kötődött. Szent földnek nyilvánítom otthonomat. Hadd lakozzon itt a Te békéd és tisztaságod. Jézus nevében. Ámen.

5. NAP: ELBŰVÖLT ÉS MEGCSEVERT – SZABADULÁS A JÓSLÁS SZELLEMÉTŐL

Magasságos Isten szolgái , akik hirdetik nektek az üdvösség útját." – *ApCsel 16:17 (NKJV)*

„Pált azonban nagyon megbosszantotta a dolog, megfordult, és így szólt a lélekhez: »Jézus Krisztus nevében parancsolom neked, hogy menj ki belőle!« És az még abban az órában kiment." – *ApCsel 16:18*

Vékony a határvonal a prófécia és a jóslás között – és sokan ma is átlépik ezt anélkül, hogy tudnának róla.

A „személyes szavakért" fizető YouTube-prófétáktól kezdve a szentírásokat idéző közösségi média tarot-jósokig a világ a spirituális zaj piacterévé vált. És tragikus módon sok hívő tudtán kívül szennyezett patakokból iszik.

A **jóslás szelleme** a Szentlélek működését utánozza. Hízeleg, csábít, manipulálja az érzelmeket, és áldozatait egyfajta irányítási hálóba hálózza. Célja? A **lelki behálózás, megtévesztés és rabszolgasorba taszítás.**

A jóslás globális kifejezései

- **Afrika** – Jóslatok, Ifá papok, víziszellem-médiumok, prófétai csalás.
- **Ázsia** – Tenyérjóslók, asztrológusok, ősi látnokok, reinkarnációs „próféták".
- **Latin-Amerika** – Santeria próféták, varázslók, sötét erőkkel bíró szentek.
- **Európa** – Tarot kártyák, tisztánlátás, közepes körök, New Age közvetítés.
- **Észak-Amerika** – „keresztény" médiumok, numerológia a templomokban, angyalkártyák, Szentléleknek álcázott szellemi vezetők.

Nem csak az a veszélyes, amit mondanak, hanem a mögötte rejlő **szellem is.**

Bizonyságtétel: A tisztánlátótól Krisztusig

Egy amerikai nő a YouTube-on vallotta, hogyan jutott el a „keresztény prófétanőből" odáig, hogy rájött, a jóslás szelleme alatt működik. Tisztán látta a látomásokat, részletes prófétai szavakat adott, és hatalmas tömegeket vonzott az internetre. De depresszióval, rémálmokkal is küzdött, és minden egyes alkalom után suttogó hangokat hallott.

az Apostolok Cselekedetei 16- ról szóló tanítást nézte , lehullott róla a pikkely. Rájött, hogy soha nem engedelmeskedett a Szentléleknek – csak az ajándékának. Mély bűnbánat és szabadulás után megsemmisítette angyalkártyáit és a rituálékkal teli böjtnaplóját. Ma már Jézust hirdeti, nem „szavakat".

Akcióterv – A szellemek próbára tétele

1. **Krisztushoz** vonz , vagy ahhoz a **személyhez,** aki adja?
2. Vizsgálj meg minden lelket *az 1János 4:1–3 alapján.*
3. Bánd meg a pszichikus, okkult vagy hamis prófétai gyakorlatokban való részvételedet.
4. Szakíts meg minden lelki köteléket hamis prófétákkal, jósokkal vagy boszorkányoktatókkal (akár online is).
5. Jelentsd ki bátran:

„Elutasítok minden hazug lelket. Egyedül Jézushoz tartozom. Füleim az Ő hangjára vannak hangolva!"

Csoportos jelentkezés

- Beszélgetés: Követtél már olyan prófétát vagy lelki vezetőt, aki később hamisnak bizonyult?
- Csoportgyakorlat: Rá kell venni a tagokat, hogy hagyjanak fel bizonyos gyakorlatokkal, mint például az asztrológia, a lélekjóslás, a médiumjátékok vagy a Krisztusban nem gyökerező spirituális befolyásolók.
- Hívd meg a Szentlelket: Szánj 10 percet a csendre és a figyelésre. Ezután oszd meg, mit nyilatkoztat ki Isten – ha egyáltalán bármit is.

- Jóslással kapcsolatos digitális/fizikai anyagokat, beleértve a könyveket, alkalmazásokat, videókat vagy jegyzeteket, égessen el vagy töröljön.

Szolgálati eszközök:
Szabadító olaj, kereszt (a behódolás szimbóluma), kuka/vödör a szimbolikus tárgyak eldobásához, Szentlélek-központú dicsőítő zene.

Kulcsfontosságú információk
Nem minden természetfeletti dolog Istentől származik. Az igazi prófécia Krisztussal való bensőséges kapcsolatból fakad, nem manipulációból vagy látványosságból.

Reflection Journal

- Vonzódtam már valaha pszichikai vagy manipulatív spirituális gyakorlatokhoz?
- Jobban függök a „szavaktól", mint Isten Igéjétől?
- Milyen hangokhoz adtam hozzáférést, amelyeket most el kell hallgattatni?

A SZABADULÁS IMÁJA

Atyám, kilépek az egyetértésből minden jóslás, manipuláció és hamis prófécia szellemével. Megbánom, hogy a Te hangodon kívül kerestem útmutatást. Tisztítsd meg elmémet, lelkemet és szellememet. Taníts meg egyedül a Te Lelked által járni. Bezárok minden ajtót, amit az okkultizmus előtt nyitottam, tudatosan vagy tudattalanul. Kijelentem, hogy Jézus az én Pásztorom, és csak az Ő hangját hallom. Jézus hatalmas nevében, Ámen.

6. NAP: A SZEM KAPUI – A SÖTÉTSÉG KAPUJÁNAK ZÁRÁSA

„A test lámpása a szem. Ha szemed egészséges, egész tested világos lesz."
– *Máté 6:22 (NIV)*
„Semmi gonoszt nem teszek szemem elé..." – *Zsoltárok 101:3 (KJV)*

A spirituális birodalomban **a szemeid kapuk**. Ami a szemeiden keresztül belép, hatással van a lelkedre – tisztaságra vagy szennyezettségre. Az ellenség tudja ezt. Ezért váltak a média, a képek, a pornográfia, a horrorfilmek, az okkult szimbólumok, a divatirányzatok és a csábító tartalmak csatatérré.

A figyelmedért folytatott harc a lelkedért folytatott harc.

Amit sokan „ártalmatlan szórakozásnak" tartanak, az gyakran kódolt meghívás – vágyra, félelemre, manipulációra, büszkeségre, hiúságra, lázadásra vagy akár démoni ragaszkodásra.

A vizuális sötétség globális kapui

- **Afrika** – Rituális filmek, a boszorkányságot és a poligámiát normalizáló Nollywood-témák.
- **Ázsia** – Anime és manga spirituális portálokkal, csábító szellemekkel, asztrális utazással.
- **Európa** – gótikus divat, horrorfilmek, vámpírmániák, sátánista művészet.
- **Latin-Amerika** – Telenovellák, amelyek dicsőítik a varázslatot, az átkokat és a bosszút.
- **Észak-Amerika** – Mainstream média, zenei videók, pornográfia, „aranyos" démoni rajzfilmek.

Amit folyamatosan bámulsz, arra érzéketlenné válsz.
Történet: „A rajzfilm, ami megátkozta a gyermekemet"

Egy amerikai anya észrevette, hogy ötéves fia éjszaka sikoltozni kezdett és zavaró képeket rajzolt. Imádkozás után a Szentlélek egy rajzfilmre mutatott, amit a fia titokban nézett – egy varázslatokkal, beszélő szellemekkel és olyan szimbólumokkal volt tele, amelyeket a fia nem vett észre.

Letörölte a műsorokat, és megkente a házát és a képernyőit. Több éjféli ima és a 91. zsoltár éneklése után a rohamok megszűntek, és a fiú békésen aludt. Jelenleg egy támogató csoportot vezet, amely segít a szülőknek megvédeni gyermekeik vizuális kapuit.

Akcióterv – A Szemkapu Megtisztítása

1. Végezz **médiaauditot**: Mit nézel? Olvasol? Görgetsz?
2. Mondd le az előfizetéseidet vagy azokat a platformokat, amelyek a tested táplálják a hited helyett.
3. Kenjétek meg szemeiteket és képernyőiteket, hirdetve a Zsoltárok 101:3-at.
4. Cseréld le a szemetet isteni tanácsokkal – dokumentumfilmekkel, imádattal, tiszta szórakoztatással.
5. Nyilatkozat:

„Semmi alantas dolgot nem vetek a szemem elé. A látásom Istené."

Csoportos jelentkezés

- Kihívás: 7 napos Szemkapu Böjt — nincs mérgező média, nincs üres görgetés.
- Megosztás: Milyen tartalom nézését mondta neked a Szentlélek, hogy hagyd abba?
- Gyakorlat: Tedd a kezed a szemedre, és utasíts el minden látás általi beszennyezést (pl. pornográfia, horror, hiúság).
- Feladat: Kérd meg a tagokat, hogy töröljenek alkalmazásokat, égessenek el könyveket, vagy dobjanak ki olyan tárgyakat, amelyek károsítják a látásukat.

Eszközök: Olívaolaj, felelősségvállalási alkalmazások, szentírás képernyővédők, szemkapu imakártyák.

Kulcsfontosságú információk

Nem gyakorolhatsz hatalmat a démonok felett, ha szórakoztatnak téged.

Reflection Journal

- Mivel etetem a szemeimet, ami talán sötétséget táplál az életemben?
- sírtam utoljára azon, ami megtöri Isten szívét?
- Teljes irányítást adtam a Szentléleknek a képernyő előtt töltött időm felett?

A tisztaság imája

Uram Jézus, kérem, hogy véred mossa át a szemeimet. Bocsáss meg mindazért, amit a képernyőimen, könyveimen és képzeletemen keresztül beengedtem. Ma kijelentem, hogy szemeim a fényért vannak, nem a sötétségért. Elutasítok minden képet, vágyat és befolyást, ami nem Tőled származik. Tisztítsd meg lelkemet. Őrizd tekintetemet. És hadd lássam, amit Te látsz – szentségben és igazságban. Ámen.

7. NAP: A NEVEK MÖGÖTT VALÓ ERŐ – A SZENTSÉGTELEN IDENTITÁSOK MEGSZÓLÁSA

„Jábes pedig segítségül hívta Izráel Istenét, mondván: Bárcsak megáldanál engem...!" Isten pedig megadta neki, amit kért."
– *1Krón 4:10*
„Ne nevezzenek többé Ábrámnak, hanem Ábrahámnak..." – *1Mózes 17:5*

A nevek nem pusztán címkék – spirituális kinyilatkoztatások. A szentírásokban a nevek gyakran sorsot, személyiséget, vagy akár köteléket tükröznek. Valaminek a megnevezése identitást és irányt ad neki. Az ellenség megérti ezt – ezért van az, hogy sokan tudtukon kívül csapdába esnek a tudatlanságból, fájdalomból vagy spirituális kötelékből adott nevek alatt.

Ahogy Isten megváltoztatta a neveket (Ábrámból Ábrahám, Jákóbból Izrael, Sárából Sárából), ugyanúgy megváltoztatja a sorsokat népe átnevezésével.

A névhez kötöttség globális kontextusai

- **Afrika** – Halott ősökről vagy bálványokról elnevezett gyermekek („Ogbanje", „Dike", „ Ifunanya" jelentéssel bíró módon).
- **Ázsia** – A reinkarnációs nevek karmikus ciklusokhoz vagy istenségekhez kapcsolódnak.
- **Európa** – Pogány vagy boszorkányos örökségben gyökerező nevek (pl. Freya, Thor, Merlin).
- **Latin-Amerika** – Santeria által befolyásolt nevek, különösen a lelki keresztelők révén.
- **Észak-Amerika** – A popkultúrából, lázadó mozgalmakból vagy ősi ajánlásokból származó nevek.

A nevek számítanak – és hordozhatnak hatalmat, áldást vagy rabságot.

Történet: „Miért kellett átneveznem a lányomat"

A Greater Exploits 14 című epizódban egy nigériai pár „Amaka" nevet adott lányának, ami „gyönyörűt" jelent, de a lány egy ritka betegségben szenvedett, ami zavarba ejtette az orvosokat. Egy prófétai konferencia során az anya kinyilatkoztatást kapott: ezt a nevet egykor a nagymamája, egy varázslódoktor használta, akinek a szelleme most a gyermeket követelte.

Megváltoztatták a nevét „Oluwatamilore"-ra (Isten megáldott engem), majd böjtöltek és imádkoztak. A gyermek teljesen felépült.

Egy másik indiai eset egy „Karma" nevű férfiról szólt, aki generációs átkokkal küzdött. Miután lemondott a hindu kapcsolatokról és nevét „Jonathanra" változtatta, áttörést ért el a pénzügyeiben és az egészségében.

Akcióterv – A neved kivizsgálása

1. Nézz utána a neveid teljes jelentésének – keresztnév, középső név, vezetéknév.
2. Kérdezd meg a szüleidet vagy az idősebbeket, hogy miért ezeket a neveket kaptad.
3. Imádságban mondj le a negatív spirituális jelentésekről vagy elkötelezettségekről.
4. Jelentsd ki isteni identitásodat Krisztusban:

„Isten nevét viselem. Az új nevem fel van írva a mennyben." (Jelenések 2:17)

CSOPORTOS ELKÖTELEZŐDÉS

- Kérdezd meg a tagoktól: Mit jelent a neved? Volt már vele kapcsolatos álmaid?
- Mondj el egy „névadó imát" – prófétai módon kijelentve mindenki kilétét.
- Tedd a kezed azokra, akiknek meg kell szabadulniuk a szövetségekhez vagy ősi rabságokhoz kötött nevektől.

Eszközök: Nyomtass névjelentési kártyákat, hozz magaddal kenetolajat, használd a névváltoztatásokról szóló szentírásokat.

Kulcsfontosságú információk
Nem járhatsz a valódi identitásodban, miközben egy hamisnak válaszolsz.

Reflection Journal

- Mit jelent a nevem – spirituálisan és kulturálisan?
- Összhangban vagyok a nevemmel, vagy ellentmondok neki?
- Milyen néven szólít engem az ég?

Átnevezés imája
Atyám, Jézus nevében köszönöm, hogy új identitást adtál nekem Krisztusban. Megtörök minden átkot, szövetséget vagy démoni köteléket, ami a nevemhez kapcsolódik. Megtagadok minden nevet, amely nincs összhangban a Te akaratoddal. Elfogadom a menny által adott nevet és identitást – tele erővel, céllal és tisztasággal. Jézus nevében, Ámen.

8. NAP: A HAMIS FÉNY LEPLEZÉSE – NEW AGE CSAPDÁK ÉS ANGYALI MEGTÉVESZTÉSEK

„**N**em is csoda! Hiszen maga a Sátán is világosság angyalává változtatja magát." – 2Korinthus 11:14

„Szeretteim, ne higgyetek minden léleknek, hanem próbáljátok meg a lelkeket, hogy Istentől vannak-e..." – 1János 4:1

Nem csak Isten ragyog.

A mai világban egyre több ember keres „fényt", „gyógyulást" és „energiát" Isten Igéjén kívül. Meditációhoz, jógaoltárokhoz, harmadik szem aktiváláshoz, ősi idézéshez, tarot-jósláshoz, holdrituálékhoz, angyali közvetítéshez, sőt keresztény hangzású miszticizmushoz fordulnak. A megtévesztés erős, mert gyakran békével, szépséggel és erővel jár – eleinte.

De ezek mögött a mozgalmak mögött jóslás, hamis prófécia szellemei és ősi istenségek állnak, akik a fény álarcát viselik, hogy legálisan hozzáférjenek az emberek lelkéhez.

A hamis fény globális elérhetősége

- **Észak-Amerika** – Kristályok, zsálya tisztítás, vonzás törvénye, médiumok, földönkívüli fénykódok.
- **Európa** – Újrafelismert pogányság, istennőimádat, fehér boszorkányság, spirituális fesztiválok.
- **Latin-Amerika** – A santeria keveredik a katolikus szentekkel és spiritiszta gyógyítókkal (curanderos).
- **Afrika** – Prófétai hamisítványok angyaloltárok és rituális víz használatával.
- **Ázsia** – Csakrák, jóga „megvilágosodás", reinkarnációs tanácsadás, templomi szellemek.

Ezek a gyakorlatok átmeneti „fényt" adhatnak, de idővel elsötétítik a lelket.

Bizonyságtétel: Megszabadulás a megtévesztő világosságtól

A Greater Exploits 14 óta Mercy (Egyesült Királyság) angyal workshopokon vett részt, és „keresztény" meditációt gyakorolt füstölővel, kristályokkal és angyalkártyákkal. Úgy hitte, hogy Isten fényéhez fér hozzá, de hamarosan hangokat kezdett hallani álmában, és megmagyarázhatatlan félelmet érzett éjszaka.

A szabadulása akkor kezdődött, amikor valaki megajándékozta nála *a Jameses Exchange című könyvet* , és felismerte a hasonlóságokat a saját tapasztalatai és egy angyali megtévesztésekről beszélő volt sátánista tapasztalatai között. Megbánta bűneit, elpusztított minden okkult tárgyat, és alávetette magát a teljes szabadulásért való imáknak.

Ma bátran tesz tanúbizonyságot a templomokban jelen lévő New Age megtévesztés ellen, és segített másoknak is lemondani a hasonló ösvényekről.

Akcióterv – A szellemek próbára tétele

1. **Gondold át a gyakorlataidat és a hiedelmeidet** – Összhangban vannak a Szentírással, vagy csak spirituálisnak érződnek?
2. **Mondj le és semmisíts meg** minden hamis fényt adó anyagot: kristályokat, jóga kézikönyveket, angyalkártyákat, álomfogókat stb.
3. **Imádkozzátok a Zsoltárok 119:105-öt** – kérjétek Istent, hogy az Ő Igéje legyen a ti egyetlen világosságotok.
4. **Üzenj hadat a zűrzavarnak** – kösd meg a hozzád hasonló szellemeket és a hamis kinyilatkoztatásokat.

CSOPORTOS JELENTKEZÉS

- **Beszélgetés** : Te vagy valaki az ismerőseid közül vonzódtál-e olyan „spirituális" gyakorlatokhoz, amelyek nem Jézusra összpontosultak?
- **Szerepjáték: Megkülönböztetés** : Olvass fel részleteket „spirituális" mondásokból (pl. „Bízz a világegyetemben"), és hasonlítsd össze őket a Szentírással.
- **Kenet és Szabadítás Ünnepe** : Törjétek le az oltárokat a hamis

fény felé, és helyettesítsétek őket *a Világ Világosságának* szövetségével (János 8:12).

Minisztériumi eszközök:

- Hozz magaddal valódi New Age tárgyakat (vagy azokról készült fotókat) a tárgyas tanításhoz.
- Mondj szabadító imát a szellemek ellen (lásd ApCsel 16:16–18).

Kulcsfontosságú információk
Sátán legveszélyesebb fegyvere nem a sötétség, hanem a hamis világosság.
Reflection Journal

- Megnyitottam-e lelki kapukat „fény" tanításokon keresztül, amelyek nem a Szentírásban gyökereznek?
- A Szentlélekben bízom, vagy az intuíciómban és az energiában?
- Hajlandó vagyok feladni a hamis spiritualitás minden formáját Isten igazságáért?

LEMONDÓ IMA

Atyám, megbánom minden módot, ahogyan a hamis fénnyel szórakoztattam vagy kapcsolatba kerültem. Megtagadok minden New Age formát, a boszorkányságot és a megtévesztő spiritualitást. Elszakítok minden lelki köteléket az angyali szélhámosoktól, szellemi vezetőktől és hamis kinyilatkoztatásoktól. Befogadom Jézust, a világ igazi Világosságát. Kijelentem, hogy nem követek más hangot, csak a Tiédet, Jézus nevében. Ámen.

9. NAP: A VÉROLTÁR – SZÖVETSÉGEK, AMELYEK ÉLETET KÖVETELNEK

„**É**s megépítették a Baal magaslatait... hogy fiaikat és leányaikat átvigyék a tűzön Moloknak." – Jeremiás 32:35

„És legyőzték őt a Bárány vérével és bizonyságtételük beszédével..." – Jelenések 12:11

Vannak oltárok, amelyek nemcsak a figyelmedet kérik – hanem a véredet is.

Az ókortól napjainkig a vérszerződések a sötétség királyságának alapvető gyakorlatát képezték. Némelyiket tudatosan kötik boszorkányság, abortusz, rituális gyilkosságok vagy okkult beavatások révén. Másokat ősi szokások örökölnek, vagy tudtukon kívül spirituális tudatlanság révén kötnek hozzájuk.

Ahol ártatlan vér ontódik – legyen szó szentélyekről, hálószobákról vagy tárgyalótermekről –, egy démoni oltár beszél.

Ezek az oltárok életeket követelnek, sorsokat rövidítenek meg, és jogi alapot teremtenek a démoni sújtásoknak.

Globális Véroltárak

- **Afrika** – Rituális gyilkosságok, pénzrituálék, gyermekáldozatok, vérszerződések születéskor.
- **Ázsia** – Templomi véráldozatok, családi átkok abortusz vagy háborús eskü révén.
- **Latin-Amerika** – Santeria állatáldozatok, véráldozatok a halottak szellemeinek.
- **Észak-Amerika** – Az abortusz szentségként való felfogása, démoni véreskütevő testvériségek.
- **Európa** – Ősi druida és szabadkőműves rítusok, második világháborús vérontási oltárok, amelyeket még mindig nem bántak meg.

Ezek a szövetségek, hacsak nem szegik meg őket, továbbra is életeket követelnek, gyakran ciklusokban.

Igaz történet: Egy apa áldozata

A *Sötétség Hatalmából Megszabadulva* című könyvben egy közép-afrikai nő egy szabadító ülés során felfedezi, hogy a halállal való gyakori találkozásai összefüggésben állnak apja vérszerződésével. Az apa az életét ígérte neki vagyonért cserébe, miután évekig meddő volt.

Miután apja meghalt, árnyékokat kezdett látni, és minden évben a születésnapján majdnem halálos baleseteket szenvedett el. Az áttörés akkor jött el számára, amikor arra késztették, hogy naponta kijelentse maga felett a Zsoltárok 118:17-et – „Nem halok meg, hanem élek..." –, majd ezt egy sor lemondó imát és böjtöt mondjon. Ma egy erőteljes közbenjáró szolgálatot vezet.

Egy másik beszámoló *a Greater Exploits 14- ből* egy latin-amerikai férfiról szól, aki részt vett egy vérontással járó bandabeavatásban. Évekkel később, még Krisztus elfogadása után is, élete állandó zűrzavarban volt – egészen addig, amíg meg nem szegte a vérszövetséget egy hosszabb böjt, nyilvános bűnvallomás és vízkeresztség révén. A gyötrelmek megszűntek.

Akcióterv – A véroltárok elhallgattatása

1. **Bánd meg** minden abortuszt, okkult vérpaktumot vagy öröklött vérontást.
2. **mondj le** minden ismert és ismeretlen vérszerződésről.
3. **Böjtölj 3 napig**, naponta úrvacsorát véve, Jézus vérét kijelentve a te törvényes takaródnak.
4. **Hangosan jelentsd ki**:

„Jézus vére által megszegek minden értem kötött vérszövetséget. Meg vagyok váltva!"

CSOPORTOS JELENTKEZÉS

- Beszéljétek meg a természetes vérszerződések és a démoni vérszerződések közötti különbséget.

- Használj piros szalagot/cérnát a véroltárok ábrázolására, és ollót a prófétai kivágásukra.
- Kérj meg egy bizonyságtételt valakitől, aki megszabadult a vér szerinti rabságból.

Minisztériumi eszközök :

- Úrvacsora elemei
- Kenet olaj
- Kiszállítási nyilatkozatok
- Gyertyafényes oltártörő látvány, ha lehetséges

Kulcsfontosságú információk
Sátán vérrel kereskedik. Jézus a sajátjával fizetett a szabadságodért.
Reflection Journal

- Részt vettem-e én vagy a családom bármiben, ami vérontással vagy eskütétellel járt?
- Vannak-e visszatérő halálesetek, vetélések vagy erőszakos minták a vérvonalamban?
- Teljesen megbíztam-e Jézus vérében, hogy hangosabban beszéljen az életem felett?

A szabadulás imája
Uram Jézus , köszönöm Neked drága véred, amely jobb dolgokat beszél, mint Ábel vére. Megbánok minden vérszövetséget, amit én vagy őseim kötöttünk, tudatosan vagy tudatlanul. Most megtagadom őket. Kijelentem, hogy a Bárány vére borít be. Hadd némuljon el és romboljon le minden démoni oltár, amely életemet követeli. Élek, mert meghaltál értem. Jézus nevében, Ámen.

10. NAP: KODARATLANSÁG ÉS TÖRÉS – AMIKOR A MÉH CSATATÉRRÉ VÁLIK

„*Senki sem vetél el, és nem lesz meddő földeden, betöltöm napjaid számát.*" – 2Mózes 23:26

„*Népet ad a gyermektelennek, boldog anyává teszi. Áldott legyen az Úr!*" – Zsoltárok 113:9

A meddőség több mint orvosi probléma. Lehet egy spirituális erődítmény, amely mély érzelmi, ősi, sőt területi harcokban gyökerezik.

A meddőséget az ellenség nemzeteken át használja fel a nők és családok megszégyenítésére, elszigetelésére és elpusztítására. Míg egyes okok fiziológiaiak, sok mélyen spirituális – generációs oltárokhoz, átkokhoz, szellemi házastársakhoz, elvetélt sorsokhoz vagy lelki sebekhez kötődik.

Minden terméketlen méh mögött a mennyország ígérete rejlik. De gyakran van egy harc, amelyet a fogantatás előtt meg kell vívni – az anyaméhben és a lélekben.

A kopárság globális mintázatai

- **Afrika** – A poligámiához, az ősi átkokhoz, a szentélyszerződésekhez és a szellemgyermekekhez kapcsolódik.
- **Ázsia** – Karmahiedelmek, múltbéli életekben tett fogadalmak, generációs átkok, szégyenkultúra.
- **Latin-Amerika** – Boszorkányság által kiváltott méhzár, irigységi varázslatok.
- **Európa** – túlzott lombikbébi-függőség, szabadkőműves gyermekáldozatok, abortusz utáni bűntudat.
- **Észak-Amerika** – Érzelmi trauma, lelki sebek, vetélési ciklusok, hormonmódosító gyógyszerek.

VALÓDI TÖRTÉNETEK – Könnyektől a vallomásokig
Maria Bolíviából (Latin-Amerika)

Maria ötször vetélt el. Minden alkalommal arról álmodott, hogy egy síró csecsemőt tart a karjában, majd másnap reggel vért látott. Az orvosok nem tudták megmagyarázni az állapotát. Miután elolvasott egy tanúvallomást *a Greater Exploits című könyvben* , rájött, hogy a meddőség családi oltárát örökölte egy nagymamától, aki minden női méhet egy helyi istenségnek szentelt.

Tizennégy napig böjtölt és hirdette a 113. zsoltárt. Lelkésze vezette őt a szövetség megszegésében az úrvacsora által. Kilenc hónappal később ikreknek adott életet.

Ngozi Nigériából (Afrika)

Ngozi 10 évig volt házas, gyermektelenül. A szabadulásért tett imák során kiderült, hogy a szellemvilágban egy tengerészgyalogos férjhez ment feleségül. Minden ovulációs ciklusban szexuális álmai voltak. Miután elmondott egy sor éjféli hadviselésről szóló imát, és prófétai módon elégette a jegygyűrűjét egy korábbi okkult beavatásból, a méhe megnyílt.

Akcióterv – A méh megnyitása

1. **Azonosítsd a gyökeret** – legyen az ősi, érzelmi, házassági vagy orvosi.
2. **Bánd meg a múltbeli abortuszokat** , lelki kötelékeket, szexuális bűnöket és okkult szertartásokat.
3. **Kend meg méhedet naponta,** miközben hirdeted a 2Mózes 23:26-ot és a 113. zsoltárt.
4. **Böjtölj 3 napig** , és vegyél naponta úrvacsorát, elutasítva minden méhedhez kötött oltárt.
5. **Hangosan beszélj** :

Áldott a méhem. Elutasítok minden meddőségi szövetséget. A Szentlélek ereje által foganok és kihordok gyermeket!

Csoportos jelentkezés

- Hívd meg a nőket (és párokat), hogy osszák meg a késlekedés okozta terheket egy biztonságos, imádságos térben.
- Használj piros sálakat vagy kendőket, amiket a derekad köré kötsz – majd prófétai módon kioldod a szabadság jeléül.
- Vezess egy prófétai „névadási" szertartást – nyilvánítsd ki a hit által megszületendő gyermekeket.
- Törd meg az imakörben a szóbeli átkokat, a kulturális szégyent és az önutálatot.

Szolgálati eszközök:

- Olívaolaj (méhek kenete)
- úrvacsora
- Köpenyek/kendők (a befedést és az újdonságot szimbolizálják)

Kulcsfontosságú információk

A kopárság nem a vég – hanem felhívás a háborúra, a hitre és a helyreállításra. Isten késlekedése nem tagadás.

Reflection Journal

- Milyen érzelmi vagy lelki sebek kötődnek a méhemhez?
- Hagytam, hogy a szégyen vagy a keserűség felváltsa a reményemet?
- Hajlandó vagyok-e hittel és tettekkel szembenézni a kiváltó okokkal?

Gyógyulásért és fogantatásért való ima

Atyám , a Te Igédre támaszkodom, amely azt mondja: senki sem lesz meddő a földön. Elutasítok minden hazugságot, oltárt és szellemet, amely a termékenységemet akadályozza. Megbocsátok magamnak és másoknak, akik gonoszul beszéltek a testemről. Gyógyulást, helyreállítást és életet nyerek. Méhemet gyümölcsözőnek, örömömet teljesnek nyilvánítom. Jézus nevében. Ámen.

11. NAP: AUTOIMMUN RENDELLENESSÉGEK ÉS KRÓNIKUS FÁRADTSÁG – A LÁTHATATLAN BELSŐ HÁBORÚ

„A *meghasonlott ház nem állhat meg."* – Máté 12:25
„Erőt ad a gyengéknek, és az erőtleneknek erejét megsokasítja." – Ézsaiás 40:29

Az autoimmun betegségek azok, amelyek során a szervezet önmagát támadja meg – saját sejtjeit ellenségnek tekintve. A lupus, a reumatoid artritisz, a szklerózis multiplex, a Hashimoto-kór és mások ebbe a csoportba tartoznak.

A krónikus fáradtság szindróma (CFS), a fibromyalgia és más megmagyarázhatatlan kimerültségi rendellenességek gyakran átfedésben vannak az autoimmun problémákkal. De a biológiai problémákon túl sokan érzelmi traumát, lelki sebeket és lelki terheket hordoznak magukkal.

A test kiált – nemcsak gyógyszerért, hanem békéért is. Sokan belül háborúznak.

Globális pillantás

- **Afrika** – Egyre több autoimmun betegség kapcsolódik össze a traumával, a szennyezéssel és a stresszel.
- **Ázsia** – A pajzsmirigy-rendellenességek magas aránya az ősi elnyomáshoz és a szégyen kultúrájához kapcsolódik.
- **Európa és Amerika** – Krónikus fáradtság és kiégés járvány a teljesítményorientált kultúrából.
- **Latin-Amerika** – A szenvedőket gyakran téves diagnózissal diagnosztizálják; megbélyegzés és spirituális támadások lélektöredezettség vagy átkok formájában.

Rejtett spirituális gyökerek

- **Önutálat vagy szégyen** – az az érzés, hogy „nem elég jó".
- **Megbocsátás hiánya önmagunkkal vagy másokkal szemben** – az immunrendszer utánozza a lelki állapotot.
- **A feldolgozatlan gyász vagy árulás** – megnyitja az utat a lelki fáradtság és a fizikai összeomlás előtt.
- **Boszorkánysági csapás vagy féltékenység nyilai** – a lelki és fizikai erő elszívására szolgálnak.

Igaz történetek – Sötétben vívott csaták
Elena Spanyolországból
Elenánál lupust diagnosztizáltak egy hosszú, bántalmazó kapcsolat után, amely érzelmileg összetörte. A terápia és az ima során kiderült, hogy belső gyűlöletet érzett, és azt hitte, hogy értéktelen. Amikor elkezdett megbocsátani magának és a Szentírás segítségével szembenézni lelki sebeivel, a fellángolások drasztikusan csökkentek. Bizonyságot tesz az Ige gyógyító erejéről és a lélek megtisztulásáról.
James az Egyesült Államokból
James, egy céltudatos vállalati vezető, 20 évnyi megállás nélküli stressz után összeesett a CFS-ből. A szabadulás során kiderült, hogy a pihenés nélküli küzdelem generációs átka sújtja családja férfi tagjait. Belépett a sabbat, az ima és a bűnvallás időszakába, és nemcsak az egészsége, hanem az identitása is helyreállt.
Akcióterv – A lélek és az immunrendszer gyógyítása

1. hangosan minden reggel **a Zsoltárok 103:1–5-öt – különösen a 3-5. verseket.**
2. **Sorold fel a belső hiedelmeidet** – mit mondasz magadnak? Törj hazugságokat.
3. **Bocsáss meg mélyen** – különösen magadnak.
4. **Úrvacsorát venni** a test szövetségének visszaállításához – lásd Ézsaiás 53. fejezetét.
5. **Nyugalom Istenben** – A sabbat nem választható, hanem lelki harc a kiégés ellen.

Kijelentem, hogy a testem nem az ellenségem. Minden sejtem összhangban lesz az isteni renddel és békével. Elfogadom Isten erejét és gyógyulását.

Csoportos jelentkezés

- Kérd meg a tagokat, hogy osszák meg a fáradtság mintáikat vagy az érzelmi kimerültséget, amit eltitkolnak.
- Végezz egy „lélekürítési" gyakorlatot – írd le a terheidet, majd szimbolikusan égesd el vagy temesd el őket.
- Tedd a kezed azokra, akik autoimmun tünetektől szenvednek; parancsolj egyensúlyt és békét.
- Bátorítsd az érzelmi kiváltó okok és a gyógyító szentírási szakaszok 7 napos naplóírását.

Szolgálati eszközök:

- Illóolajok vagy illatos kenet a felfrissülésért
- Naplók vagy jegyzettömbök
- 23. zsoltár meditációs filmzene

Kulcsfontosságú információk

Ami a lelket támadja, az gyakran a testben nyilvánul meg. A gyógyulásnak belülről kifelé kell áramlania.

Reflection Journal

- Biztonságban érzem magam a saját testemben és gondolataimban?
- Szégyent vagy hibáztatást táplálok a múltbeli kudarcok vagy traumák miatt?
- Mit tehetek, hogy elkezdjem a nyugalmat és a békét spirituális gyakorlatként tisztelni?

A helyreállítás imája

Uram Jézus, Te vagy az én Gyógyítóm. Ma elutasítok minden hazugságot, miszerint megtört, piszkos vagy kudarcra ítélt vagyok. Megbocsátok magamnak és másoknak. Megáldom testem minden sejtjét. Békességet kapok lelkemben és összhangot az immunrendszeremben. A te sebeid által gyógyultam meg. Ámen.

12. NAP: EPILEPSZIA ÉS MENTÁLIS GYÖNTÖRÉS – AMIKOR AZ ELME CSATATERÉVÉ VÁLIK

„*Uram, könyörülj a fiamon, mert holdkóros és nagyon kínozza magát, mert gyakran esik a tűzbe, gyakran a vízbe.*" – Máté 17:15
„*Nem félelem lelkét adott nekünk Isten, hanem erő, szeretet és józanság lelkét.*" – 2Timóteus 1:7

Vannak olyan megpróbáltatások, amelyek nem csupán orvosi jellegűek – ezek betegségnek álcázott lelki csataterek.

Az epilepsziának, a rohamoknak, a skizofréniának, a bipoláris zavarnak és az elme gyötrelmeinek mintázatai gyakran láthatatlan gyökerekkel rendelkeznek. Bár a gyógyszereknek megvan a helyük, a megkülönböztető képesség kritikus fontosságú. Számos bibliai beszámolóban a rohamok és a mentális támadások démoni elnyomás eredményei voltak.

A modern társadalom gyógyszerként kezeli azt, amit Jézus gyakran *kiűzött*

Globális valóság

- **Afrika** – A rohamokat gyakran átkoknak vagy ősi szellemeknek tulajdonítják.
- **Ázsia** – Az epilepsziások gyakran rejtve maradnak a szégyen és a spirituális stigma miatt.
- **Latin-Amerika** – A skizofrénia generációs boszorkánysággal vagy megszakított hivatásokkal hozható összefüggésbe.
- **Európa és Észak-Amerika** – A túlzott diagnózis és a túlzott gyógyszerezés gyakran elfedi a démoni kiváltó okokat.

Valódi történetek – Megszabadulás a tűzben
Musa Észak-Nigériából
Mózes gyermekkora óta epilepsziás rohamai voltak. Családja mindent megpróbált – a helyi orvosoktól kezdve a templomi imákig. Egy nap, egy szabadító istentisztelet alatt a Lélek kinyilatkoztatta, hogy Mózes nagyapja boszorkányság keretében felajánlotta őt. Miután megszegte a szövetséget és felkente, soha többé nem volt rohama.

Daniel Peruból
Bipoláris zavarral diagnosztizálták, Daniel erőszakos álmokkal és hangokkal küzdött. Később felfedezte, hogy apja titkos sátáni rituálékban vett részt a hegyekben. A szabadító imák és a háromnapos böjt tisztánlátást hozott. A hangok elhallgattak. Ma Daniel nyugodt, felépült és felkészül a szolgálatra.

Figyelendő jelek

- Ismétlődő rohamok ismert neurológiai ok nélkül.
- Hangok, hallucinációk, erőszakos vagy öngyilkossági gondolatok.
- Idő- vagy memóriavesztés, megmagyarázhatatlan félelem, vagy fizikai rohamok ima közben.
- Az őrület vagy az öngyilkosság családi mintái.

Akcióterv – Az elme feletti hatalom átvétele

1. **Bánj meg minden ismert okkult kapcsolatot, traumát vagy átkot.**
2. **Naponta tedd a kezed a fejedre, és ezzel hirdesd, hogy józan vagy (2Timóteus 1:7).**
3. **Böjtölj és imádkozz az elmét megkötő szellemekért.**
4. **Szegd meg az ősi esküket, az elkötelezettségeket vagy a vérvonal átkokat.**
5. **Ha lehetséges, csatlakozz egy erős imatárshoz vagy szabadulást segítő csapathoz.**

Elutasítok minden gyötrő, rohamot okozó és zavarodott szellemet. Jézus nevében ép elmét és stabil érzelmeket kapok!
Csoportos szolgálat és jelentkezés

- Azonosítsa a mentális betegségek vagy rohamok családi mintázatait.
- Imádkozzatok a szenvedőkért – kenjétek meg a homlokotokat kenetolajjal.
- Kérd meg a közbenjárókat, hogy járjanak körbe a teremben, és hirdetjék: „Csendesedjetek el, csend legyen!" (Márk 4:39)
- Kérd meg az érintetteket, hogy szegjék meg a szóbeli megállapodásaikat: „Nem vagyok őrült. Meggyógyultam és egész vagyok."

Szolgálati eszközök:

- Kenet olaj
- Gyógyító nyilatkozat kártyák
- Istentiszteleti zene, amely békét és identitást szolgál

Kulcsfontosságú információk
Nem minden megpróbáltatás pusztán fizikai. Némelyik ősi szövetségekben és démoni jogi alapokban gyökerezik, amelyekkel lelkileg kell foglalkozni.

Reflection Journal

- Gyötrődtem-e valaha gondolataimban vagy álmomban?
- Vannak-e begyógyítatlan traumák vagy spirituális ajtók, amelyeket be kell zárnom?
- Milyen igazságot hirdethetek naponta, hogy Isten Igéjéhez rögzítsem az elmémet?

A Egészség imája
Uram Jézus , Te vagy elmém Helyreállítója. Megtagadok minden szövetséget, traumát vagy démoni szellemet, amely megtámadja az agyamat, az érzelmeimet és a tiszta elmémet. Gyógyulást és tiszta elmét nyerek. Elhatározom, hogy élni fogok, és nem meghalni. Teljes erőmmel fogok működni, Jézus nevében. Ámen.

13. NAP: A FÉLELEM SZELLEME – A LÁTHATATLAN KÍNÁLAT KETRECE TÖRÉSE

„*Mert nem félelem lelkét adott nekünk Isten, hanem erő, szeretet és józanság lelkét.*" – 2Timóteus 1:7

„*A félelem gyötrelmet okoz...*" – 1János 4:18

A félelem nem csupán érzelem – lehet *szellem is*.

Mielőtt elkezdenéd, kudarcot súg. Felerősíti az elutasítást. Megbénítja a céltudatosságot. Megbénítja a nemzeteket.

Sokan láthatatlan börtönökben vannak, melyeket a félelem épít: a haláltól, a kudarctól, a szegénységtől, az emberektől, a betegségtől, a lelki hadviseléstől és az ismeretlentől való félelem.

Sok pánikroham, pánikbetegség és irracionális fóbia mögött egy spirituális küldetés áll, amelynek **célja a sorsok semlegesítése**.

Globális manifesztációk

- **Afrika** – A félelem generációs átkokban, ősi megtorlásokban vagy boszorkányság elleni reakciókban gyökerezik.
- **Ázsia** – Kulturális szégyen, karmikus félelem, reinkarnációs szorongások.
- **Latin-Amerika** – Félelem az átkoktól, falusi legendáktól és spirituális megtorlástól.
- **Európa és Észak-Amerika** – Rejtett szorongás, diagnosztizált rendellenességek, a konfrontációtól, a sikertől vagy az elutasítástól való félelem – gyakran spirituális, de pszichológiai eredetűnek bélyegzett jelenségek.

Valódi történetek – A szellem leleplezése

Sarah Kanadából

Sarah évekig nem tudott sötétben aludni. Mindig érezte valaki jelenlétét a szobában. Az orvosok szorongásként diagnosztizálták, de a kezelés nem használt. Egy online szabadulási ülés során kiderült, hogy egy gyermekkori félelem egy rémálom és egy horrorfilm révén nyitotta meg az ajtót egy kínzó szellem előtt. Sarah megbánta bűneit, lemondott a félelemről, és megparancsolta neki, hogy tűnjön el. Most békében alszik.

Uche, Nigéria

Uchét elhívták prédikálni, de valahányszor az emberek elé állt, megdermedt. A félelem természetellenes volt – fojtogató, bénító. Imádságában Isten megmutatott neki egy átkot, amelyet egy tanár mondott, aki gyermekkorában gúnyolta a hangját. Ez a szó lelki láncot alkotott. Miután elszakadt, bátran kezdett prédikálni.

Akcióterv – A félelem legyőzése

1. **Valld meg név szerint minden félelmedet** : „Jézus nevében lemondok a(z) [_____] félelméről."
2. **Olvasd fel hangosan a 27. zsoltárt és az Ézsaiás 41. fejezetét naponta.**
3. **Imádkozzatok, amíg a pánikot béke váltja fel.**
4. **Bátran a félelem alapú médiától – horrorfilmektől, hírektől, pletykáktól.**
5. **Jelentsd ki naponta** : „Ép elmém van. Nem vagyok a félelem rabja."

Csoportos jelentkezés – Közösségi áttörés

- Kérdezd meg a csoporttagoktól: Melyik félelem bénított meg titeket a legjobban?
- Alkossatok kis csoportokat, és vezessétek **a lemondás** és **a pótlás imáit** (pl. félelem → merészség, szorongás → magabiztosság).
- Mindenki írjon le egy félelmet, és égesse el prófétai cselekedetként.
- Használj *felkenetésre alkalmas olajat* és *szentírásbeli bűnvallásokat* egymás helyett.

Szolgálati eszközök:

- Kenet olaj
- Szentírás-nyilatkozat kártyák
- Dicsőítő ének: „Nincsenek többé rabszolgák" – Bethel előadásában

Kulcsfontosságú információk
A megtűrt félelem **beszennyezett hit**.
Nem lehetsz egyszerre merész és félős – válaszd a merészséget.
Reflection Journal

- Milyen félelem kísért gyerekkorom óta?
- Hogyan befolyásolta a félelem a döntéseimet, az egészségemet vagy a kapcsolataimat?
- Mit csinálnék másképp, ha teljesen szabad lennék?

A félelemtől való megszabadulás imája
Atyám, megtagadom a félelem lelkét. Bezárok minden ajtót a traumán, a szavakon vagy a bűnön keresztül, amelyek beengedték a félelmet. Elfogadom az erő, a szeretet és a józan gondolkodás Lelkét. Bátorságot, békét és győzelmet hirdetek Jézus nevében. A félelemnek nincs többé helye az életemben. Ámen.

14. NAP: SÁTÁNI JELEK – A SZENTSÉGTELEN BELÉPÉS ELTÁVOLÍTÁSA

„**M**ostantól fogva senki ne háborítson engem, mert az Úr Jézus bélyegeit viselem testemen." – Galata 6:17

„*És az én nevemet Izrael fiaira helyezik, és én megáldom őket.*" – 4Mózes 6:27

Sok sorsot csendben *kijelöl* a spirituális birodalom – nem Isten, hanem az ellenség.

Ezek a sátáni jelek furcsa testjelek, tetoválásokkal vagy billogozással kapcsolatos álmok, traumatikus bántalmazás, vérrituálék vagy örökölt oltárok formájában jelentkezhetnek. Némelyik láthatatlan – csak spirituális érzékenységgel lehet felismerni –, míg mások fizikai jelekként, démoni tetoválásokként, spirituális billogozásként vagy tartós gyengeségekként mutatkoznak.

Amikor valakit megjelöl az ellenség, a következőket tapasztalhatja:

- Állandó elutasítás és ok nélküli gyűlölet.
- Ismétlődő spirituális támadások és blokkolások.
- Korai halál vagy egészségügyi válságok bizonyos életkorokban.
- Lélekben követve – mindig látható a sötétség számára.

jogi címkékként működnek, felhatalmazva a sötét szellemeket a kínzásra, késleltetésre vagy megfigyelésre.

Jézus vére azonban **megtisztít** és **újjáalkot**.

Globális kifejezések

- **Afrika** – Törzsi jelölések, rituális vágások, okkult beavatási hegek.
- **Ázsia** – Spirituális pecsétek, ősi szimbólumok, karmikus jelek.

- **Latin-Amerika** – Brujeria (boszorkányság) beavatási jelek, rituálékban használt születési jelek.
- **Európa** – Szabadkőműves jelképek, szellemi vezetőket megidéző tetoválások.
- **Észak-Amerika** – New age szimbólumok, rituális bántalmazást ábrázoló tetoválások, démoni bélyegzés okkult szövetségeken keresztül.

Valódi történetek – Az arculatváltás ereje
David Ugandából
Dávid folyamatosan elutasítással szembesült. Senki sem tudta megmagyarázni, hogy miért, tehetsége ellenére. Imádság közben egy próféta egy „spirituális X"-et látott a homlokán – egy jelet egy falusi pap által végzett gyermekkori rituáléból. A szabadulás során a jelet spirituálisan kitörölték a kenet olajával és Jézus vérével kapcsolatos kijelentésekkel. Élete heteken belül megváltozott – megnősült, munkát kapott, és ifjúsági vezető lett.

Sandra, Brazília
Sandrának egy sárkány tetoválása volt a tinédzserkori lázadásából. Miután átadta életét Krisztusnak, heves lelki támadásokat tapasztalt, valahányszor böjtölt vagy imádkozott. Lelkésze felismerte, hogy a tetoválás egy démoni szimbólum, amely a szellemek megfigyelésével kapcsolatos. Egy bűnbánat, ima és belső gyógyulás után eltávolíttatta a tetoválást, és elszakította a lelki köteléket. Rémálmai azonnal megszűntek.

Akcióterv – Töröld a jelet

1. **Kérd a Szentlelket,** hogy mutassa meg az életedben lévő lelki vagy fizikai jegyeket.
2. **Bánják meg** a rituálékban való személyes vagy örökölt részvételüket, ami lehetővé tette őket.
3. **Kend Jézus vérét** a testedre – homlokodra, kezeidre, lábaidra.
4. jelekhez kötött **szellemeket, lelki kötelékeket és jogokat (lásd az alábbi szentírásokat).**
5. a sötét szövetségekhez kapcsolódó **fizikai tetoválásokat vagy tárgyakat (ahogyan azt jelezték).**

Csoportos jelentkezés – Új arculatváltás Krisztusban

- Kérdezd meg a csoport tagjaitól: Volt már valaha olyan álmod, hogy megbélyegeznek?
- **megtisztulásra és** Krisztusnak való újraszentelésre irányuló imát.
- Kenjétek meg a homlokokat olajjal, és mondjátok: *„Most rajtatok van az Úr Jézus Krisztus bélyege."*
- Szakítsátok meg a megfigyelő szellemeket, és alakítsátok át identitásukat Krisztusban.

Szolgálati eszközök:

- Olívaolaj (felkenésre megáldott)
- Tükör vagy fehér kendő (szimbolikus mosakodás)
- Úrvacsora (pecsételd meg az új identitást)

Kulcsfontosságú információk

Amit a szellem megjelöl, **az a szellemben látható** – távolítsd el azt, amivel az ellenség megbélyegzett.

Reflection Journal

- Láttam már furcsa jeleket, zúzódásokat vagy szimbólumokat a testemen magyarázat nélkül?
- Vannak-e olyan tárgyak, piercingek vagy tetoválások, amelyekről le kell mondanom, vagy amelyeket el kell távolíttatnom?
- Teljesen újra szenteltem-e a testemet a Szentlélek templomaként?

Az újrabranding imája

Uram Jézus, megtagadok minden jegyet, szövetséget és elkötelezettséget, amelyet testemben vagy lelkemben a Te akaratodtól eltérően tettem. Véred által eltörlök minden sátáni bélyeget. Kijelentem, hogy egyedül Krisztus számára vagyok megjelölve. Legyen rajtam a Te tulajdonod pecsétje, és hadd vesszen el nyomom minden felügyelő lélek. Többé nem vagyok látható a sötétség számára. Szabadon járok – Jézus nevében, Ámen.

15. NAP: A TÜKÖRBIRODALOM – SZÖKÉS A TÜKRÖZÉSEK BÖRTÖNBŐL

Most csak tükör által homályosan látunk, akkor pedig színről színre..." –
99 1Korinthus 13:12
„Szemeik vannak, de nem látnak, füleik vannak, de nem hallanak..." –
Zsoltárok 115:5–6

A szellemvilágban létezik egy **tükörbirodalom** – *a hamis identitások*, a spirituális manipuláció és a sötét tükröződések helye. Amit sokan álmukban vagy látomásaikban látnak, azok nem Istentől származó tükrök, hanem a sötét királyság megtévesztésének eszközei lehetnek.

Az okkultizmusban a tükröket **lelkek csapdájába ejtésére**, **életek megfigyelésére** vagy **személyiségek átvitelére használják**. Egyes szabadulási ülések során az emberek arról számolnak be, hogy egy másik helyen „élve" látják magukat – egy tükörben, egy képernyőn vagy egy spirituális fátyol mögött. Ezek nem hallucinációk. Gyakran sátáni börtönök, amelyeket arra terveztek, hogy:

- Törd szét a lelket
- Késleltetett sors
- Összekeverni az identitást
- Alternatív spirituális idővonalak fogadása

hamis önmagad létrehozása, amely démoni irányítás alatt él, miközben a valódi éned zavarodottságban vagy vereségben él.
Globális kifejezések

- **Afrika** – Tükörboszorkányság, amelyet a varázslók használnak megfigyelésre, csapdába ejtésre vagy támadásra.

- **Ázsia** – A sámánok vizet tartalmazó tálakat vagy csiszolt köveket használnak a szellemek „látására" és megidézésére.
- **Európa** – Fekete tükör rituálék, nekromária tükröződéseken keresztül.
- **Latin-Amerika** – Obszidián tükrökön keresztüli böngészés az azték hagyományokban.
- **Észak-Amerika** – Újkorú tükörportálok, tükörbenézés az asztrális utazáshoz.

Vallomás – „A lány a tükörben"
Maria a Fülöp-szigetekről
Maria arról álmodott, hogy egy tükörrel teli szobában rekedt. Minden alkalommal, amikor előrelépett az életben, a tükörben egy másik önmagát látta, ami hátrahúzta. Egyik este a szabadulása alatt felsikoltott, és leírta, ahogy látta magát „kilépni egy tükörből" a szabadságba. Lelkésze kente meg a szemét, és vezette a tükörmanipulációról való leszokásban. Azóta a mentális tisztasága, az üzleti és a családi élete is átalakult.

A skóciai David
, aki egykor mélyen elmerült a new age meditációban, a „tükörárnyék-munkát" gyakorolta. Idővel hangokat kezdett hallani, és olyan dolgokat látott maga után, amiket soha nem szándékozott. Miután elfogadta Krisztust, egy szabadító lelkész elszakította a tükör-lélek kötelékeit, és imádkozott az elméjéért. David arról számolt be, hogy évek óta először úgy érezte magát, mint egy „köd felszállt".

Akcióterv – Törd meg a tükörvarázslatot

1. **Mondj le** minden ismert vagy ismeretlen kapcsolatról a spirituálisan használt tükrökkel.
2. **takard le otthonod összes tükrét** ruhával.
3. **Kend meg a szemeidet és a homlokod** – jelentsd ki, hogy most már csak azt látod, amit Isten lát.
4. **Használd a Szentírást**, hogy kinyilvánítsd Krisztusban való kilétedet, ne pedig hamis elmélkedésben:
    - *Ézsaiás 43:1*
    - *2Korinthus 5:17*

○ János 8:36

CSOPORTOS JELENTKEZÉS – Személyazonosság-helyreállítás

- Kérdezd meg: Volt már olyan álmod, amiben tükrök, hasonmások vagy megfigyelés alatt álltál?
- Vezess egy imát az identitás helyreállításáért – hirdetd a szabadságot az önmagad hamis verzióitól.
- Tedd a kezed a szemekre (szimbolikusan vagy imádságban), és imádkozz a látás tisztaságáért.
- Használjatok egy tükröt a csoportban, hogy prófétailag kijelentsétek: „Én az vagyok, akinek Isten mond. Semmi más."

Szolgálati eszközök:

- Fehér kendő (jelképeket takar)
- Olívaolaj kenethez
- Prófétai tükör kinyilatkoztatási útmutató

Kulcsfontosságú információk
Az ellenség imádja eltorzítani azt, ahogyan önmagadról látod magad – mert a személyazonosságod a sorsodhoz vezető hozzáférési pont.
Reflection Journal

- Hazugságokat hittem el arról, hogy ki vagyok?
- Részt vettem már valaha tükörrituálékban, vagy tudtukon kívül engedélyeztem a tükörboszorkányságot?
- Mit mond Isten arról, hogy ki vagyok?

A tükör birodalmából való szabadság imája
Mennyei Atyám, megszegek minden szövetséget a tükörbirodalommal – minden sötét tükörképet, lelki másolatot és hamis idővonalat. Megtagadok minden hamis identitást. Kijelentem, hogy az vagyok, akinek Te mondasz.

Jézus vére által kilépek a tükörképek börtönéből, és belépek célom teljességébe. Mától a Lélek szemével látok – igazságban és tisztán. Jézus nevében, Ámen.

16. NAP: A SZÓÁTKOK KÖTELÉKÉNEK MEGSZAKÍTÁSA – A NEVED, A JÖVŐD VISSZASZERZÉSE

„*Halál és élet van a nyelv hatalmában...*" – Példabeszédek 18:21
„*Egyetlen ellened készült fegyver sem lesz sikeres, és minden nyelvet, amely perbe száll ellened, elítélsz...*" – Ézsaiás 54:17

A szavak nem csupán hangok – **spirituális tartályok**, amelyek áldó vagy megkötő erőt hordoznak. Sokan tudtukon kívül **átkok súlya alatt járnak**, amelyeket szülők, tanárok, spirituális vezetők, volt szeretők, vagy akár a saját szájuk mond rájuk.

Vannak, akik már hallották ezeket:

- „Soha nem fogsz semmire sem jutni."
- „Pont olyan vagy, mint az apád – haszontalan."
- „Minden, amihez hozzáérsz, elromlik."
- „Ha nem kaphatlak meg, akkor senki más."
- „Átkozott vagy... nézd meg és meglátod."

Az ilyen szavak, ha egyszer dühből, gyűlöletből vagy félelemből mondják ki őket – különösen egy tekintélyes személy által –, lelki csapdává válhatnak. Még az olyan önként kimondott káromkodások is, mint a „*Bárcsak meg sem születtem volna*" vagy a „*Soha nem megyek férjhez*", jogi alapot adhatnak az ellenségnek.

Globális kifejezések

- **Afrika** – Törzsi átkok, szülői átkok lázadás miatt, piaci átkok.
- **Ázsia** – Karmán alapuló szóbeli kinyilatkoztatások, gyermekek felett mondott ősi fogadalmak.

- **Latin-Amerika** – Brujeria (boszorkányság) átkok, melyeket szóbeli kijelentés aktivál.
- **Európa** – Kimondott rontások, önbeteljesítő családi „jóslatok".
- **Észak-Amerika** – Szóbeli bántalmazás, okkult rigmusok, önutálatot keltő megerősítések.

Akár suttogva, akár kiabálva, az érzelemmel és hittel kimondott átkoknak súlyuk van a lélekben.

Vallomás – „Amikor anyám a halálról beszélt"
Keisha (Jamaica)

Keisha úgy nőtt fel, hogy anyja ezt mondta: *„Te vagy az oka annak, hogy az életem tönkrement."* Minden születésnapján történt valami rossz. 21 évesen öngyilkosságot kísérelt meg, meggyőződve arról, hogy az élete nem ér semmit. Egy szabadító istentiszteleten a lelkész megkérdezte: *„Ki szólt halált az életed helyett?"* Összeomlott. Miután elengedte a szavakat és megbocsátott, végre örömöt érzett. Most fiatal lányokat tanít arra, hogyan szólítsák az életet önmaguk helyett.

Andrei (Románia)

Andrej tanára egyszer azt mondta: *„25 éves korod előtt börtönben végzed, vagy meghalsz."* Ez a kijelentés kísértette. Bűnbe esett, és 24 évesen letartóztatták. A börtönben találkozott Krisztussal, és felismerte az átkot, amellyel egyetértett. Megbocsátó levelet írt a tanárnak, letépett minden hazugságot, amit róla beszéltek, és elkezdte hirdetni Isten ígéreteit. Jelenleg egy börtönmissziós szolgálatot vezet.

Akcióterv – Fordítsd vissza az átokot

1. Írd le a negatív kijelentéseket, amiket mások vagy te magad mondasz magad felett.
2. Imádságban **utasíts el minden szót, ami átkot jelent** (mondd ki hangosan).
3. **Engedd szabadjára a bocsánatot** annak, aki kimondta.
4. **Mondd ki Isten igazságát** magad felett, hogy az átkot áldással helyettesítsd:
    - *Jeremiás 29:11*
    - *5Mózes 28:13*

- Róma 8:37
- Zsoltárok 139:14

Csoportos jelentkezés – A szavak ereje

- Kérdezd meg: Milyen kijelentések formálták a személyiségedet – jót vagy rosszat?
- Csoportokban hangosan (tapintatosan) törjétek meg az átkokat, és helyettük mondjatok áldást.
- Használj szentíráskártyákat – mindenki olvasson fel hangosan 3 igazságot a kilétéről.
- Bátorítsd a tagokat, hogy kezdjenek el egy 7 napos *áldásrendeletet* maguk felett.

Szolgálati eszközök:

- Szentírás-azonosságot tartalmazó kártyák
- Olívaolaj a szájak megkenésére (beszéd megszentelése)
- Tükörnyilatkozatok – mondd el az igazat a tükörképed felett naponta

Kulcsfontosságú információk
Ha kimondtak egy átkot, az megtörhető – és az élet új szava szólhat helyette.

Reflection Journal

- Kinek a szavai formálták a személyiségemet?
- Félelemmel, haraggal vagy szégyennel átkoztam magam?
- Mit mond Isten a jövőmről?

Ima a szóbeli átkok megtörésére
Uram Jézus , megtagadok minden átkot, amit életemre kimondott – a családom, barátaim, tanáraim, szeretőim, sőt még én magam is. Megbocsátok minden hangnak, amely kudarcot, elutasítást vagy halált hirdetett. Most megtöröm ezeknek a szavaknak az erejét, Jézus nevében. Áldást, kegyet és

sorsot hirdetek az életemre. Az vagyok, akinek mondasz – szeretett, kiválasztott, gyógyult és szabad. Jézus nevében. Ámen.

17. NAP: SZABADULÁS AZ IRÁNYÍTÁS ÉS A MANIPULÁCIÓ ALÓL

„A *boszorkányság nem mindig köntösből és üstökből áll – néha szavakból, érzelmekből és láthatatlan pórázokból."*

„Mert a lázadás olyan, mint a boszorkányság bűne, és a makacsság olyan, mint a gonoszság és a bálványimádás."

– 1Sámuel 15:23

A boszorkányság nem csak szentélyekben található meg. Gyakran mosolyog, és bűntudattal, fenyegetéssel, hízelgéssel vagy félelemmel manipulál. A Biblia a lázadást – különösen azt, amely istentelen uralmat gyakorol mások felett – a boszorkánysággal azonosítja. Valahányszor érzelmi, pszichológiai vagy spirituális nyomást gyakorolunk mások akaratának uralkodására, veszélyes területen járunk.

Globális manifesztációk

- **Afrika** – Anyák dühösen átkozzák gyermekeiket, szerelmesek „juju"-val, azaz szerelmi bájitallal kötöznek meg másokat, spirituális vezetők megfélemlítik követőiket.
- **Ázsia** – Guru-ellenőrzés a tanítványok felett, szülői zsarolás előre elrendezett házasságokban, energiazsinór manipulációk.
- **Európa** – A generációs viselkedést, a vallási bűntudatot és az uralmat szabályozó szabadkőműves eskük.
- **Latin-Amerika** – Brujería (boszorkányság) a partnerek megtartására szolgált, érzelmi zsarolás, családi átkokban gyökerezik.
- **Észak-Amerika** – Nárcisztikus nevelés, manipulatív vezetés „spirituális álcának" álcázva, félelemre épülő prófécia.

A boszorkányság hangja gyakran suttogja: *„Ha ezt nem teszed meg, elveszítesz engem, elveszíted Isten kegyét, vagy szenvedni fogsz."*
De az igaz szeretet soha nem manipulál. Isten hangja mindig békét, világosságot és a választás szabadságát hozza.

Valódi történet – A láthatatlan póráz eltörése
A kanadai Grace mélyen elmerült egy prófétai szolgálatban, ahol a vezető elkezdte diktálni, hogy kivel randizhat, hol élhet, sőt azt is, hogyan imádkozzon. Eleinte spirituálisnak tűnt, de idővel úgy érezte, hogy a vezető véleményének foglya. Valahányszor megpróbált önálló döntést hozni, azt mondták neki, hogy „Isten ellen lázad". Egy összeomlás és a *Greater Exploits 14 elolvasása után* rájött, hogy ez karizmatikus boszorkányság – próféciának álcázott irányítás.

Grace megtagadta a lelki kötelékét spirituális vezetőjéhez, megbánta a manipulációval való saját egyezségét, és csatlakozott egy helyi közösséghez a gyógyulás érdekében. Ma már teljes egésszé vált, és segít másoknak kilábalni a vallási bántalmazásból.

Akcióterv – A boszorkányság felismerése a kapcsolatokban

1. Kérdezd meg magadtól: *Szabadnak érzem magam ezzel a személlyel, vagy félek csalódást okozni neki?*
2. Sorolj fel olyan kapcsolatokat, ahol a bűntudatot, a fenyegetést vagy a hízelgést használják az irányítás eszközeként.
3. Mondj le minden érzelmi, spirituális vagy lelki kötelékről, ami miatt elnyomottnak vagy hangtalannak érzed magad.
4. Imádkozz hangosan, hogy eltörj minden manipulatív pórázt az életedben.

Szentíráseszközök

- **1 Sámuel 15:23** – Lázadás és boszorkányság
- **Galata 5:1** – „Álljatok szilárdan... ne hagyjátok magatokat ismét szolgaság igájába fogni."
- **2Korinthus 3:17** – „Ahol az Úr Lelke, ott a szabadság."
- **Mikeás 3:5–7** – Hamis próféták megfélemlítést és megvesztegetést alkalmaznak

Csoportos megbeszélés és jelentkezés

- Oszd meg (szükség esetén névtelenül) egy olyan alkalmat, amikor lelkileg vagy érzelmileg manipuláltnak érezted magad.
- Játssz el egy „igazmondó" imát – engedd el az irányítást mások felett, és vedd vissza az akaratodat.
- Kérd meg a tagokat, hogy írjanak leveleket (valódi vagy szimbolikus), amelyekben megszakítják a kapcsolatokat az irányító személyekkel, és kijelentik a szabadságot Krisztusban.

Szolgálati eszközök:

- Párosítsd a kézbesítési partnereket.
- Használj kenet olajat, hogy kinyilvánítsd a szabadságot az elme és az akarat felett.
- Használd az úrvacsorát a Krisztussal való szövetség helyreállítására, mint az *egyetlen igazi takaróra*.

Kulcsfontosságú információk
Ahol manipuláció él, ott a boszorkányság virágzik. De ahol Isten Lelke van, ott szabadság van.

Reflection Journal

- Kinek vagy minek engedtem meg, hogy irányítsa a hangomat, akaratomat vagy irányomat?
- Előfordult már, hogy félelmet vagy hízelgést használtam fel arra, hogy elérjem az akaratomat?
- Milyen lépéseket fogok tenni ma, hogy Krisztus szabadságában járjak?

A szabadulás imája
Mennyei Atyám, eltagadok mindenféle érzelmi, spirituális és pszichológiai manipulációt, ami bennem vagy körülöttem működik. Elvágok minden lelki köteléket, amely a félelemben, a bűntudatban és az irányításban gyökerezik. Megszabadulok a lázadástól, az uralkodástól és a megfélemlítéstől. Kijelentem,

hogy egyedül a Te Lelked vezet. Kegyelmet kapok, hogy szeretetben, igazságban és szabadságban járjak. Jézus nevében. Ámen.

18. NAP: A MEGBOCSÁTATLANSÁG ÉS A KESERŰSÉG HATALMÁNAK MEGTÖRÉSE

"*A megbocsátás hiánya olyan, mintha mérget innál, és azt várnád, hogy a másik meghaljon."*

„Meglássátok..., hogy keserű gyökér ne növekedjen, és ne okozzon bajt, és ne fertőzzön meg sokakat."
– Zsidók 12:15

A keserűség csendes romboló. Kezdődhet fájdalommal – árulással, hazugsággal, veszteséggel –, de ha nem foglalkozunk vele, megbocsátás nélkül elfajul, végül pedig egy olyan gyökérzetté válik, amely mindent megmérgez.

A megbocsátás hiánya utat nyit a kínzó lelkeknek (Máté 18:34). Elhomályosítja a tisztánlátást, akadályozza a gyógyulást, elfojtja az imáidat, és blokkolja Isten erejének áramlását.

A szabadulás nem csak a démonok kiűzéséről szól – hanem arról is, hogy elengedd azt, amit magadban tartottál.

A KESERŰSÉG GLOBÁLIS kifejeződései

- **Afrika** – Törzsi háborúk, politikai erőszak és családi árulások öröklődnek generációról generációra.
- **Ázsia** – Szülők és gyermekek közötti becstelenség, kasztokon alapuló sebek, vallási árulások.
- **Európa** – Generációs hallgatás a bántalmazás miatt, keserűség a válás vagy a hűtlenség miatt.
- **Latin-Amerika** – Korrupt intézmények, családi elutasítások és spirituális manipuláció okozta sebek.

- **Észak-Amerika** – Egyházi sérelmek, faji trauma, távol lévő apák, munkahelyi igazságtalanság.

A keserűség nem mindig kiabál. Néha azt suttogja: „Soha nem felejtem el, mit tettek."

De Isten azt mondja: *Engedd el – nem azért, mert ők megérdemlik, hanem mert te igen.*

Valódi történet – A nő, aki nem bocsátott meg

A brazil Maria 45 éves volt, amikor először jött szabadulást kérni. Minden éjjel arról álmodott, hogy megfojtják. Gyomorfekélye, magas vérnyomása és depressziója volt. A kezelés során kiderült, hogy gyűlöletet táplált apja iránt, aki gyermekkorában bántalmazta – majd később elhagyta a családot.

Keresztény lett, de soha nem bocsátott meg neki.

Miközben sírva engedte szabadon Isten előtt, teste görcsben rándult – valami eltört. Azon az éjszakán 20 év után először aludt békésen. Két hónappal később az egészsége drasztikusan javulni kezdett. Most nők gyógyító coachjaként osztja meg történetét.

Akcióterv – A keserű gyökér kihúzása

1. **Nevezd meg** – Írd le azoknak a nevét, akik megbántottak – akár magadnak, akár Istennek (ha titokban haragudtál Rá).
2. **Engedd el** – Mondd ki hangosan: *„Úgy döntöttem, megbocsátok [név]- nek a [konkrét sértés] miatt. Elengedem őket, és felszabadítom magam."*
3. **Égesd el** – Ha biztonságosan megteheted, égesd el vagy tépd szét a papírt a megszabadulás prófétai cselekedeteként.
4. **Kérj áldást** azokra, akik megbántottak – még akkor is, ha az érzelmeid ellenállnak. Ez lelki hadviselés.

Szentíráseszközök

- *Máté 18:21–35* – A könyörtelen szolga példázata
- *Zsidók 12:15* – A keserű gyökerek sokakat beszennyeznek
- *Márk 11:25* – Bocsássatok meg, hogy imádságaitok ne találjanak akadályt
- *Róma 12:19–21* – A bosszút Istenre kell bízni

CSOPORTOS JELENTKEZÉS és szolgálat

- Kérj meg mindenkit (magában vagy írásban), hogy nevezzen meg valakit, akinek nehezen tud megbocsátani.
- Alkossatok imacsoportokat, hogy az alábbi ima segítségével végigjárjátok a megbocsátás folyamatát.
- Vezess egy prófétai „égető szertartást", ahol az írásos vétkeket megsemmisítik, és gyógyulásról szóló kijelentésekkel helyettesítik.

Szolgálati eszközök:

- Megbocsátási nyilatkozat kártyák
- Halk hangszeres zene vagy áhítatos imádat
- Öröm olaja (felkenésre a szabadulás után)

Kulcsfontosságú információk

A megbocsátás hiánya egy kapu, amelyet az ellenség kihasznál. A megbocsátás egy kard, amely elvágja a rabság kötelét.

Reflection Journal

- Kinek kell ma megbocsátanom?
- Megbocsátottam magamnak – vagy a múltbeli hibáimért büntetem magam?
- Hiszem-e, hogy Isten vissza tudja állítani azt, amit árulás vagy sértés által elvesztettem?

A megszabadulás imája

Uram Jézus, fájdalmammal, haragommal és emlékeimmel járulok eléd. Ma hit által úgy döntök, hogy megbocsátok mindenkinek, aki megbántott, bántalmazott, elárult vagy elutasított. Elengedem őket. Felszabadítom őket az ítélet alól, és magamat is felszabadítom a keserűségtől. Kérlek, gyógyíts meg minden sebet, és tölts el békéddel. Jézus nevében. Ámen.

19. NAP: GYÓGYULÁS A SZÉGYENBŐL ÉS A KÁRHOZTATÁSBÓL

„A *szégyen azt mondja: »Rossz vagyok.« Az elítélés azt mondja: »Soha nem leszek szabad.« De Jézus azt mondja: »Enyém vagy, és újjáalkottalak téged.«*"

„Akik Őrá tekintenek, ragyognak, arcukat soha nem borítja szégyen."
– Zsoltárok 34:5

A szégyen nem csupán egy érzés – az ellenség stratégiája. Ez a köpeny, amivel azokat burkolja be, akik elestek, kudarcot vallottak vagy bántalmazást szenvedtek. Azt mondja: „Nem kerülhetsz közel Istenhez. Túl mocskos vagy. Túl sérült. Túl bűnös vagy."

A kárhoztatás azonban hazugság – mert Krisztusban **nincs kárhoztatás** (Róma 8:1).

Sokan, akik szabadulást keresnek, azért maradnak megrekedve, mert úgy hiszik, hogy méltatlanok **a szabadságra**. A bűntudatot jelvényként hordozzák magukon, és legrosszabb hibáikat úgy ismétlik, mint egy törött lemezt.

Jézus nem csak a bűneidért fizetett – a szégyenedért is.

A szégyen globális arcai

- **Afrika** – Kulturális tabuk a nemi erőszakkal, a meddőséggel, a gyermektelenséggel vagy a házasságkötés elmulasztásával kapcsolatban.
- **Ázsia** – Becstelenségen alapuló szégyen a családi elvárásokból vagy vallási elpártolásból.
- **Latin-Amerika** – Bűntudat abortusz, okkult tevékenység vagy családi szégyen miatt.
- **Európa** – Rejtett szégyen titkos bűnök, bántalmazás vagy mentális egészségügyi problémák miatt.

- **Észak-Amerika** – Szégyenérzet függőség, válás, pornográfia vagy identitászavar miatt.

A szégyen csendben virágzik – de Isten szeretetének fényében elhal.

Igaz történet – Új név az abortusz után
Az Egyesült Államokban élő Jasmine három abortuszon esett át, mielőtt Krisztushoz jött. Bár megtért, nem tudott megbocsátani magának. Minden anyák napja átokként hatott rá. Amikor az emberek gyerekekről vagy szülőségről beszéltek, láthatatlannak – és ami még rosszabb, értéktelennek – érezte magát.

Egy női lelkigyakorlaton hallott egy üzenetet az Ézsaiás 61-ről – „szégyen helyett kettős rész". Sírt. Azon az éjszakán leveleket írt meg nem született gyermekeinek, ismét megbánta bűneit az Úr előtt, és látomást kapott Jézusról, amint új neveket ad neki: *„Szeretett", „Anya", „Helyreállított".*

Most abortusz utáni nőknek szolgál, és segít nekik visszanyerni Krisztusban való identitásukat.

Akcióterv – Lépj ki az árnyékból

1. **Nevezd meg a szégyent** – Írd le naplóba, hogy mit rejtegettél, vagy miért éreztél bűntudatot.
2. **Valld be a hazugságot** – Írd le azokat a vádakat, amelyekben hittél (pl. „Mocskos vagyok", „Ki vagyok zárva").
3. **Helyettesítsd Igazsággal** – Hirdesd hangosan Isten Igéjét magad felett (lásd az alábbi Szentírás verseket).
4. **Prófétai cselekvés** – Írd fel egy papírra a „SZÉGYEN" szót, majd tépd vagy égesd el. Jelentsd ki: *„Engem már nem köt ez!"*

Szentíráseszközök

- *Róma 8:1–2* – Krisztusban nincs kárhoztatás
- *Ézsaiás 61:7* – Kettős rész a szégyenért
- *Zsoltárok 34:5* – Ragyogás az Ő jelenlétében
- *Zsidók 4:16* – Merészen léphet Isten trónjához
- *Sofóniás 3:19–20* – Isten eltávolítja a szégyent a népek közül

Csoportos jelentkezés és szolgálat

- Kérd meg a résztvevőket, hogy írjanak névtelen szégyennyilatkozatokat (pl. „Abortuszon estem át", „Bántalmaztak", „Csalást követtem el"), és tegyék őket egy lezárt dobozba.
- Olvasd fel hangosan Ézsaiás 61-et, majd vezess egy imát a cserére – gyász helyett öröm, hamu helyett szépség, szégyen helyett tisztelet.
- Játssz olyan dicsőítő zenét, amely hangsúlyozza a Krisztusban való identitást.
- Mondj prófétai szavakat azokról, akik készek elengedni.

Szolgálati eszközök:

- Személyazonosító okmányok
- Kenet olaj
- Imádkozó lejátszási lista olyan dalokkal, mint a „You Say" (Lauren Daigle), a „No Longer Slaves" vagy a „Who You Say I Am"

Kulcsfontosságú információk
A szégyen tolvaj. Ellopja a hangodat, az örömödet és a tekintélyedet. Jézus nemcsak megbocsátotta a bűneidet – megfosztotta a szégyent az erejétől.

Reflection Journal

- Mi a legkorábbi szégyenérzettel kapcsolatos emlékem, amire vissza tudok emlékezni?
- Milyen hazugságokat hittem magamról?
- Készen állok arra, hogy úgy lássam magam, ahogyan Isten lát – tisztán, ragyogóan és kiválasztottan?

Gyógyító ima
Uram Jézus, Neked hozom szégyenemet, rejtett fájdalmamat és minden elítélő hangot. Megbánom, hogy egyetértek az ellenség hazugságaival arról, hogy ki vagyok. Úgy döntök, hogy hiszek abban, amit mondasz – hogy megbocsátást nyertem, szeretve vagyok és megújulva. Elfogadom az igazság palástját, és belépek a szabadságba. Kilépek a szégyenből a Te dicsőségedbe. Jézus nevében, Ámen.

20. NAP: HÁZI BOSZORKÁNYSÁG – AMIKOR A SÖTÉTSÉG AZONOS TETŐ ALATT ÉL

„**N**em minden ellenség van odakint. Néhányan ismerős arcot viselnek."
„Az ember ellenségei lesznek a saját házanépe."
– *Máté 10:36*

A legádázabb lelki csaták némelyikét nem erdőkben vagy szentélyekben vívják, hanem hálószobákban, konyhákban és családi oltárokon.

A háztartási boszorkányság olyan démoni műveletekre utal, amelyek a családon belülről – szülőktől, házastársaktól, testvérektől, ház személyzetétől vagy távolabbi rokonoktól – erednek irigység, okkult gyakorlat, ősi oltárok vagy közvetlen spirituális manipuláció révén.

A szabadulás bonyolulttá válik, ha az érintettek **azok, akiket szeretünk, vagy akikkel együtt élünk.**

A háztartási boszorkányság globális példái

- **Afrika** – Egy féltékeny mostohaanya étellel átkokat küld; egy testvér szellemeket idéz meg a sikeresebb testvére ellen.
- **India és Nepál** – Az anyák születésükkor istenségeknek ajánlják gyermekeiket; az otthoni oltárokat a sors irányítására használják.
- **Latin-Amerika** – Brujeria vagy Santeria, amelyet rokonok titokban gyakorolnak házastársaik vagy gyermekeik manipulálására.
- **Európa** – Rejtett szabadkőművesség vagy okkult eskük a családi vonalakban; pszichikus vagy spiritiszta hagyományok öröklődtek.
- **Észak-Amerika** – Wicca vagy new age szülők kristályokkal, energiatisztítással vagy tarot kártyával „áldják meg" gyermekeiket.

Ezek az erők a családi szeretet mögé bújhatnak, de céljuk az irányítás, a stagnálás, a betegség és a lelki rabság.

Igaz történet – Apám, a falu prófétája

Egy nyugat-afrikai nő egy olyan családban nőtt fel, ahol az apja egy nagy tiszteletnek örvendő falusi próféta volt. A kívülállók számára spirituális vezető volt. Zárt ajtók mögött varázstárgyakat ásott el a komplexumban, és áldozatokat mutatott be a kegyekre vagy bosszúra vágyó családok nevében.

Furcsa minták bontakoztak ki az életében: ismétlődő rémálmok, kudarcot vallott kapcsolatok és megmagyarázhatatlan betegségek. Amikor átadta életét Krisztusnak, apja ellene fordult, kijelentve, hogy soha nem fog boldogulni az ő segítsége nélkül. Élete évekig ördögi körforgásba lendült.

Hónapokig tartó éjféli imák és böjt után a Szentlélek arra vezette, hogy megtagadjon minden lelki köteléket apja okkult köpenyétől. Szentírásokat temette el falai között, régi jegyeket égetett, és naponta megszentelte a küszöbét. Lassan áttörések kezdődtek: egészsége visszatért, álmai kitisztultak, és végre férjhez ment. Most más nőknek segít, akik háztartási oltárok előtt állnak.

Akcióterv – Szembenézés az ismerős szellemmel

1. **Gyalázat nélküli megkülönböztetés** – Kérd Istent, hogy gyűlölet nélkül tárja fel a rejtett erőket.
2. **Szüntesd meg a lelki megállapodásokat** – Mondj le minden spirituális kötelékről, amely rituálék, oltárok vagy szóbeli eskükön keresztül köttetett.
3. **Lelkileg elkülönülve** – Még ha ugyanabban a házban éltek is, az ima által **spirituálisan eltávolodhattok egymástól** .
4. **Szenteld meg a teredet** – Kenj meg minden szobát, tárgyat és küszöböt olajjal és Szentírással.

Szentíráseszközök

- *Mikeás 7:5–7* – Ne bízz a felebarátodban
- *Zsoltárok 27:10* – „Ha apám és anyám elhagynának is..."
- *Lukács 14:26* – Krisztust jobban szeretni, mint a családodat
- *2 Királyok 11:1–3* – Rejtett szabadulás egy gyilkos anyakirálynőtől

- *Ézsaiás 54:17* – Egyetlen kovácsolt fegyver sem lesz sikeres

Csoportos jelentkezés

- Osszátok meg azokat a tapasztalatokat, amikor a családon belülről fakadt ellenállás.
- Imádkozzatok bölcsességért, bátorságért és szeretetért a családtagok ellenállásával szemben.
- Mondj lemondó imát minden lelki kötelékről vagy rokonok által kimondott átokról.

Szolgálati eszközök:

- Kenet olaj
- Megbocsátó nyilatkozatok
- Szövetségfeloldási imák
- 91. zsoltár imakönyve

Kulcsfontosságú információk
A vérvonal lehet áldás vagy csatatér. Arra vagy hivatott, hogy megváltsd, nem pedig arra, hogy uralkodjon rajtad.
Reflection Journal

- Tapasztaltam már lelki ellenállást egy közeli személytől?
- Van valaki, akinek meg kell bocsátanom – még akkor is, ha még mindig boszorkányságot folytat?
- Hajlandó vagyok-e elkülöníteni magam, még akkor is, ha ez kapcsolatokba kerül?

Az elkülönülés és védelem imája
Atyám, elismerem, hogy a legnagyobb ellenállás a hozzám legközelebb állóktól érkezhet. Megbocsátok minden családtagnak, aki tudatosan vagy tudattalanul a sorsom ellen dolgozik. Megtörök minden lelki köteléket, átkot és szövetséget, amelyet a családom vonalán keresztül kötöttem, és amely nincs

összhangban a Te Országoddal. Jézus vére által megszentelem otthonomat, és kijelentem: én és az én házam az Urat fogjuk szolgálni. Ámen.

21. NAP: A JEZABEL SZELLEME – CSÁBÍTÁS, IRÁNYÍTÁS ÉS VALLÁSI MANIPULÁCIÓ

„De van egy panaszom ellened: eltűröd azt az asszonyt, Jezabelt, aki prófétának mondja magát, és tanításával félrevezeti az embereket..." – Jelenések 2:20

„Hirtelen jön el a vége, és nincsen megoldás." – Példabeszédek 6:15

Vannak szellemek, amelyek kívülről kiáltanak.

Jezabel belülről suttog.

Nemcsak kísért – **bitorol, manipulál és megront**, szolgálatokat tönkretéve, házasságokat megfojtva és nemzeteket lázadás által elcsábítva.

Mi a Jezabel lelke?

A Jezabel szelleme:

- A jóslatokat utánozza a félrevezetés érdekében
- Bájjal és csábítással irányít
- Gyűlöli az igazi hatalmat és elhallgattatja a prófétákat
- A büszkeséget hamis alázat mögé rejti
- Gyakran kötődik a vezetőséghez vagy a hozzá közel állókhoz

férfiakon vagy nőkön keresztül is működhet, és ott virágzik, ahol a féktelen hatalom, a becsvágy vagy az elutasítás begyógyítatlan marad.

Globális manifesztációk

- **Afrika** – Hamis prófétanők, akik oltárokat manipulálnak és félelemmel követelik a hűséget.
- **Ázsia** – Vallási misztikusok, akik a csábítást látomásokkal ötvözik, hogy uralják a spirituális köröket.

- **Európa** – Az ősi istennőkultuszok újjáéledtek a New Age gyakorlatokban a felhatalmazás néven.
- **Latin-Amerika** – Santeria papnők, akik „spirituális tanácsadás" révén gyakorolnak hatalmat a családok felett.
- **Észak-Amerika** – A közösségi média influenszerei az „isteni nőiességet" népszerűsítik, miközben gúnyolják a bibliai engedelmességet, tekintélyt vagy tisztaságot.

Valódi történet: *Az oltáron ülő Jezabel*

Egy karibi országban egy Istenért lángoló egyház lassan, észrevétlenül elhalványult. Az egykor éjféli imára összegyűlt közbenjáró csoport szétszóródott. Az ifjúsági szolgálat botrányba keveredett. A gyülekezetben házasságok kezdtek megromlani, és az egykor tüzes lelkész határozatlanná és lelkileg kimerültté vált.

Mindennek a középpontjában egy nő állt – **R. nővér** . Gyönyörű, karizmatikus és nagylelkű volt, sokan csodálták. Mindig volt egy „szava az Úrtól", és egy álom mindenki más sorsáról. Bőkezűen adakozott egyházi projektekre, és helyet szerzett magának a lelkész közelében.

A színfalak mögött finoman **rágalmazott más nőket** , elcsábított egy fiatal lelkészt, és megosztottságot szított. Lelki tekintélyként pozicionálta magát, miközben csendben aláásta a tényleges vezetést.

Egyik éjjel egy tizenéves lány a templomban élénk álmot látott – egy kígyót látott tekergőzni a szószék alatt, amint a mikrofonba suttog. Rémülten megosztotta álmát az édesanyjával, aki elvitte a lelkésznek.

A vezetőség úgy döntött, hogy **háromnapos böjtöt tart** , hogy Isten vezetését kérje. A harmadik napon, egy ima alatt, R nővér erőszakosan kezdett megnyilvánulni. Sziszegett, sikoltozott, és boszorkánysággal vádolt másokat. Erőteljes megszabadulás következett, és bevallotta: tizenéves kora végén beavatták egy lelki rendbe, amelynek feladata az volt, hogy **beszivárogjon a templomokba, és „ellopja a tüzüket".**

öt templomban járt ez előtt. A fegyvere nem volt hangos – **hízelgés, csábítás, érzelmi kontroll** és prófétai manipuláció volt .

Ma a templom újjáépítette az oltárát. A szószéket újraszentelték. És az a fiatal tizenéves lány? Ő most egy tüzes evangélista, aki egy női imamozgalmat vezet.

Akcióterv – Hogyan szálljunk szembe Jezabellel

1. **Bánd meg** minden olyan módot, ahogyan együttműködtél a manipulációval, a szexuális kontrollal vagy a spirituális büszkeséggel.
2. **Ismerd fel** Jezabel tulajdonságait – hízelgés, lázadás, csábítás, hamis prófécia.
3. **Szakítsd meg a lelki kötelékeket** és a szentségtelen szövetségeket imádságban – különösen azokkal, akik eltávolítanak Isten hangjától.
4. **Jelentsd ki Krisztusban való hatalmadat**. Jezabel fél azoktól, akik ismerik őket.

Szentírás Arzenál:

- 1 Királyok 18–21 – Jezabel kontra Illés
- Jelenések 2:18–29 – Krisztus figyelmeztetése Thiatirának
- Példabeszédek 6:16–19 – Amit Isten gyűlöl,
- Galaták 5:19–21 – A test cselekedetei

Csoportos jelentkezés

- Beszélgetés: Voltál már tanúja spirituális manipulációnak? Hogyan álcázta magát?
- Csoportként hirdessétek ki a „tolerancia tilalmát" Jezabellel szemben – a gyülekezetben, otthon és a vezetésben.
- Szükség esetén mondj el egy **szabadító imát** vagy böjtölj, hogy megtörd a befolyását.
- Szentelj fel újra minden olyan szolgálatot vagy oltárt, amelyet feltörtek.

Szolgálati eszközök:
Használj kenet olajat. Teremts teret a bűnvallomásra és a megbocsátásra. Énekelj olyan dicsőítő énekeket, amelyek hirdetik **Jézus Uraságát**.

Kulcsfontosságú információk
Jezabel ott virágzik, ahol **alacsony a megkülönböztető képesség** és **magas a tolerancia** . Uralkodása akkor ér véget, amikor a lelki hatalom felébred.

Reflection Journal

- Hagytam, hogy a manipuláció vezessen?
- Vannak-e olyan emberek vagy hatások, akiket Isten hangja fölé emeltem?
- Félelemből vagy önuralomból elnémítottam a prófétai hangomat?

A szabadulás imája

Uram Jézus, megtagadok minden szövetséget Jezabel szellemével. Elutasítom a csábítást, az irányítást, a hamis próféciákat és a manipulációt. Tisztítsd meg szívemet a büszkeségtől, a félelemtől és a kompromisszumoktól. Visszaveszem a hatalmamat. Hadd romboljon le minden oltár, amit Jezabel épített az életemben. Trónra emellek Téged, Jézus, kapcsolataim, elhívásom és szolgálatom Uraként. Tölts meg engem tisztánlátással és bátorsággal. A te nevedben, Ámen.

22. NAP: PITONOK ÉS IMÁK – A SZŰRÉS SZELLEMÉNEK MEGTÖRÉSE

„*Egyszer, amikor az imádkozóhelyre mentünk, szembejött velünk egy rabszolganő, akiben piton szelleme volt...*" – ApCsel 16:16

„*Oroszlánon és viperán tapossz...*" – Zsoltárok 91:13

Van egy szellem, amely nem harap – hanem **szorít**.

Megfojtja a tüzedet. Körülöleli az imaéletedet, a lélegzetedet, az imádatodat, a fegyelmedet – míg végül elkezded feladni azt, ami valaha erőt adott.

Python szelleme – egy démoni erő, amely **korlátozza a spirituális növekedést, késlelteti a sorsot, megfojtja az imát és meghamisítja a próféciákat**.

Globális manifesztációk

- **Afrika** – A piton szellem hamis prófétai hatalomként jelenik meg, tengeri és erdei szentélyekben működik.
- **Ázsia** – A kígyószellemeket istenségekként tisztelték, akiket etetni vagy megnyugtatni kell.
- **Latin-Amerika** – Santeria kígyó alakú oltárok, amelyeket gazdagság, vágy és hatalom érdekében használtak.
- **Európa** – Kígyószimbólumok a boszorkányságban, a jövendőmondásban és a médiumok körében.
- **Észak-Amerika** – Hamis „prófétai" hangok, melyek lázadásban és lelki zűrzavarban gyökereznek.

Vallomás: *A lány, aki nem kapott levegőt*

A kolumbiai Marisol minden alkalommal légszomjat érzett, amikor letérdelt imádkozni. Mellkasa összeszorult. Álmaiban kígyók jelentek meg, ahogy a nyaka köré tekerednek vagy az ágya alatt pihennek. Az orvosok nem találtak semmi orvosi problémát.

Egy nap a nagymamája bevallotta, hogy Marisol gyerekkorában egy hegyi szellemnek volt „szentelve", aki kígyóként jelent meg. Ez egy **„védőszellem" volt**, de ára volt.

Egy szabadulási összejövetel során Marisol hevesen sikoltozni kezdett, amikor kezet tettek rá. Érezte, hogy valami mozog a gyomrában, fel a mellkasán, majd kijön a száján, mintha levegőt fújna ki.

A találkozás után a légszomj elmúlt. Az álmai megváltoztak. Imádkozásokat kezdett vezetni – pontosan azt, amit az ellenség egykor megpróbált megfojtani belőle.

Jelek, amelyek arra utalhatnak, hogy a Python szellem hatása alatt állsz

- Fáradtság és nehézség érzése, valahányszor imádkozni vagy imádni próbálsz
- Prófétai zavartság vagy megtévesztő álmok
- Állandó fulladás-, blokkolás- vagy megkötözöttség-érzés
- Depresszió vagy kétségbeesés egyértelmű ok nélkül
- Spirituális vágy vagy motiváció elvesztése

Akcióterv – A szűkületek lebontása

1. **Bánj meg** minden okkult, pszichikus vagy ősi érintettséget.
2. **Jelentsd ki testedet és lelkedet, hogy egyedül Istené.**
3. **Böjt és háború** az Ézsaiás 27:1 és a Zsoltárok 91:13 alapján.
4. **Kend meg a torkodat, mellkasodat és lábaidat** – igényezve a szabadságot, hogy szólhass, lélegezhess és igazságban járhass.

Szabadulási szentírások:

- ApCsel 16:16–18 – Pál kiűzi a pitonos lelket
- Ézsaiás 27:1 – Isten megbünteti Leviatánt, a menekülő kígyót
- 91. zsoltár – Védelem és hatalom
- Lukács 10:19 – Hatalmat ad a kígyók és skorpiók eltaposására

CSOPORTOS JELENTKEZÉS

- Kérdezd meg: Mi fojtja el az imaéletünket – személyesen és közösségileg?
- Vezess egy csoportos légzésimát – hirdetve **Isten leheletét** (Ruach) minden tag felett.
- Törj meg minden hamis prófétai befolyást vagy kígyószerű nyomást az imádatban és a közbenjárásban.

Eszközök: fuvolákkal vagy légzőszerszámokkal végzett istentisztelet, kötelek szimbolikus elvágása, imasálak a légzés szabadságáért.

Kulcsfontosságú információk

A Piton szellem megfojtja azt, amit Isten világra akar hozni. Szembe kell nézni vele, hogy visszanyerd a lélegzeted és a bátorságod.

Reflection Journal

- Mikor éreztem magam utoljára teljesen szabadnak az imádságban?
- Vannak-e a lelki fáradtságnak olyan jelei, amelyeket eddig figyelmen kívül hagytam?
- Tudtomon kívül elfogadtam-e olyan „spirituális tanácsokat", amelyek még több zavart okoztak?

A szabadulás imája

Atyám, Jézus nevében megtörök minden korlátozó szellemet, amely elfojtja célomat. Megtagadom a pitonok szellemét és minden hamis prófétai hangot. Befogadom Lelked leheletét, és kijelentem: Szabadon fogok lélegezni, bátran imádkozni és egyenesen járni. Minden kígyó, amely az életem köré tekeredik, kivágattatott és kiűzött. Most szabadulást nyertem. Ámen.

23. NAP: A GONOSSÁG TRÓNJAI — TERÜLETI ERŐDÖK LEROMBOLÁSA

„**V**ajon közösségben lesz-e veled a gonoszság trónja, amely a törvény által gonoszt forral?" – Zsoltárok 94:20

„Nem vér és test ellen van nékünk tusakodásunk, hanem a sötétség uralkodói ellen..." – Efezus 6:12

Vannak láthatatlan **trónok** – városokban, nemzetekben, családokban és rendszerekben felállítva –, ahol démoni hatalmak **uralkodnak törvényesen** szövetségek, törvényhozás, bálványimádás és elhúzódó lázadás révén.

Ezek nem véletlenszerű támadások. Ezek **trónra került tekintélyek**, akik mélyen gyökereznek olyan struktúrákban, amelyek generációkon át fenntartják a gonoszt.

Amíg ezeket a trónokat **spirituálisan le nem bontják**, a sötétség körforgása továbbra is fennáll – függetlenül attól, hogy mennyi imádkozunk a felszínen.

Globális erődítmények és trónok

- **Afrika** – A boszorkányság trónjai a királyi vérvonalakban és a hagyományos tanácsokban.
- **Európa** – A szekularizmus, a szabadkőművesség és a legalizált lázadás trónjai.
- **Ázsia** – A bálványimádás trónjai az ősi templomokban és a politikai dinasztiákban.
- **Latin-Amerika** – A narkoterror, a halálkultuszok és a korrupció trónjai.
- **Észak-Amerika** – A perverzió, az abortusz és a faji elnyomás trónjai.

Ezek a trónok befolyásolják a döntéseket, elnyomják az igazságot és **felfalják a sorsokat**.

Bizonyságtétel: *Egy városi tanácsos megszabadulása*

Egy dél-afrikai városban egy újonnan megválasztott keresztény tanácsos rájött, hogy előtte minden hivatalnok megőrült, elvált, vagy hirtelen meghalt.

Napokig tartó imádkozás után az Úr feltárta a **véráldozat trónját**, amelyet a városháza alatt rejtettek el. Egy helyi látnok réges-régen varázstárgyakat helyezett el egy területi igény részeként.

A tanácsos közbenjárókat gyűjtött, böjtölt, és éjfélkor istentiszteletet tartott a tanácsteremben. Három éjszaka alatt a személyzet furcsa sikolyokról számolt be a falakból, és az áramszünetek is megszűntek.

Egy héten belül elkezdődtek a vallomások. Leleplződött a korrupt szerződés, és hónapokon belül javultak a közszolgáltatások. A trón azonban megbukott.

Akcióterv – A sötétség trónfosztása

1. **Azonosítsd a trónt** – kérd az Urat, hogy mutasson meg neked területi erődítményeket a városodban, hivatalodban, vérvonaladban vagy régiódban.
2. **Térjetek meg a föld nevében** (Dániel 9-es stílusú közbenjárás).
3. **Stratégiailag imádjunk** – a trónok leomlanak, amikor Isten dicsősége veszi át az uralmat (lásd 2Krón 20).
4. **Hirdesd ki Jézus nevét,** mint az egyetlen igaz Királyt ezen a területen.

Horgony szentírások:

- Zsoltárok 94:20 – A gonoszság trónjai
- Efézus 6:12 – Uralkodók és hatalmasságok
- Ézsaiás 28:6 – Az igazság lelke azoknak, akik harcba szállnak
- 2Királyok 23 – Jósiás lerombolja a bálványoltárokat és trónokat

CSOPORTOS ELKÖTELEZŐDÉS

- Tarts egy „spirituális térkép" foglalkozást a környékedről vagy a városodról.
- Kérdezd meg: Milyen bűn, fájdalom vagy elnyomás körforgása jellemzi ezt a helyzetet?
- Nevezzen ki „őröket", akik hetente imádkoznak a kulcsfontosságú kapuknál: iskolákban, bíróságokon, piacokon.
- A Zsoltárok 149:5–9 alapján a vezető csoport rendeleteket hoz a lelki uralkodók ellen.

Szolgálati eszközök: sófárok, várostérképek, olívaolaj a földszenteléshez, imakönyvek.

Kulcsfontosságú információk

Ha átalakulást szeretnél látni a városodban, **a rendszer mögött álló trónt kell megkérdőjelezned** – nem csak az előtte állót.

Reflection Journal

- Vannak-e visszatérő csaták a városomban vagy a családomban, amelyek nagyobbnak érződnek nálam?
- Vajon örököltem egy csatát egy olyan trón ellen, amelyet nem én foglaltam el?
- Milyen „uralkodókat" kell eltávolítani az imából?

A háború imája

Uram, tárd fel a gonoszság minden trónját, amely uralkodik területemen. Jézus nevét hirdetem egyedüli Királyként! Minden rejtett oltár, törvény, egyezmény vagy sötétséget kényszerítő hatalom szóratkozzon tűz által. Elfoglalom a helyemet, mint közbenjáró. A Bárány vére és bizonyságtételem igéje által trónokat ledöntek, és Krisztust ültetem trónra otthonom, városom és nemzetem fölé. Jézus nevében. Ámen.

24. NAP: LÉLEKTÖREDÉKEK – AMIKOR HIÁNYZNAK BELŐLED

„**M**eggyógyítja lelkemet..." – Zsoltárok 23:3
„*Meggyógyítom sebeidet – mondja az ÚR –, mert kitaszítottnak hívnak...*" – Jeremiás 30:17

A traumának van egy módja annak, hogy szétzúzza a lelket. Bántalmazás. Elutasítás. Árulás. Hirtelen félelem. Elhúzódó gyász. Ezek a tapasztalatok nem csak emlékeket hagynak maguk után – **összetörik a belső emberedet**.

Sokan egésznek tűnve élnek, mégis **hiányoznak belőlük a darabkák**. Az örömük szilánkosra tört. Az identitásuk szétszóródott. Érzelmi időzónákhoz kötöttek – egy részük a fájdalmas múltban ragadt, miközben a testük folyamatosan öregszik.

Ezek **lélektöredékek** – érzelmi, pszichológiai és spirituális éned olyan részei, amelyek trauma, démoni beavatkozás vagy boszorkányság manipulációja miatt letörtek.

Amíg ezek a darabkák nem gyűlnek össze, nem gyógyulnak meg és nem egyesülnek újra Jézus által, **az igazi szabadság elérhetetlen marad**.

Globális léleklopási gyakorlatok

- **Afrika** – Boszorkánydoktorok üvegekbe vagy tükrökbe rögzítik az emberek „lényegét".
- **Ázsia** – Lélekbefogási rituálék guruk vagy tantrikus gyakorlók által.
- **Latin-Amerika** – Sámánista lélekfelosztás irányítás vagy átkok érdekében.
- **Európa** – Okkult tükörmágia, amelyet az identitás megtörésére vagy a kegyek ellopására használnak.
- **Észak-Amerika** – A molesztálásból, abortuszból vagy identitászavarból eredő trauma gyakran mély lelki sebeket és

széttöredezettséget okoz.

Történet: *A lány, aki nem tudott érezni*
Andrea, egy 25 éves spanyol lány, éveken át molesztálta egyik családtagját. Bár elfogadta Jézust, érzelmileg érzéketlen maradt. Nem tudott sírni, szeretni vagy együttérezni.

Egy látogatóban lévő lelkész furcsa kérdést tett fel neki: „Hol hagytad az örömödet?" Ahogy Andrea lehunyta a szemét, eszébe jutott, hogy 9 éves volt, összegömbölyödve egy szekrényben, és azt mondogatta magának: „Soha többé nem fogom érezni."

Együtt imádkoztak. Andrea megbocsátott, lemondott belső fogadalmairól, és meghívta Jézust ebbe a különleges emlékbe. Évek óta először sírt féktelenül. Azon a napon **a lelke helyreállt**.

Akcióterv – Lélekkeresés és gyógyulás

1. Kérdezd meg a Szentlelket: *Hol vesztettem el magam egy részét?*
2. Bocsáss meg mindenkinek, aki abban a pillanatban érintett volt, és **mondj le az olyan belső fogadalmakról,** mint például a „Soha többé nem bízom benned".
3. Hívd meg Jézust az emlékeidbe, és szólj gyógyító szavakkal ebbe a pillanatba.
4. Imádkozz: *„Uram, állítsd helyre lelkemet! Minden egyes darabkámra hívom, hogy térjen vissza és váljon egésszé."*

Kulcsfontosságú szentírási részek:

- Zsoltárok 23:3 – Meggyógyítja a lelket
- Lukács 4:18 – A megtört szívűek gyógyítása
- 1Thesszalonika 5:23 – A szellem, a lélek és a test megőrződik
- Jeremiás 30:17 – Gyógyulás a kitaszítottak és a sebek számára

Csoportos jelentkezés

- Vezesd a tagokat egy vezetett **belső gyógyító imaülésen**.
- Kérdezd meg: *Vannak-e olyan pillanatok az életedben, amikor*

felhagytál a bizalommal, az érzésekkel vagy az álmodozással?
- Játsszátok el Jézussal a „visszatérés abba a szobába" című részt, és nézzétek, ahogy begyógyítja a sebet.
- Kérjék meg a megbízható vezetőket, hogy tegyék gyengéden a kezüket a fejekre, és hirdessék ki a lélek helyreállítását.

Szolgálati eszközök: Istentiszteleti zene, lágy világítás, papírzsebkendők, naplóírási ötletek.
Kulcsfontosságú információk
A szabadulás nem csupán démonok kiűzéséről szól. **A törött darabok összegyűjtéséről és az identitás helyreállításáról**.
Reflection Journal

- Milyen traumatikus események befolyásolják még ma is a gondolkodásomat vagy érzéseimet?
- Mondtam már valaha, hogy „Soha többé nem fogok szeretni", vagy hogy „Már senkiben sem bízhatok"?
- Mit jelent számomra a „teljesség" – és készen állok rá?

A HELYREÁLLÍTÁS IMÁJA
Jézus, Te vagy lelkem pásztora. Minden helyre, ahol összetörtem – a félelem, a szégyen, a fájdalom vagy az árulás miatt. Megszegek minden belső fogadalmat és átkot, amit trauma során kimondtam. Megbocsátok azoknak, akik megsebesítettek. Most lelkem minden darabját hívom, hogy térjen vissza. Állíts helyre teljesen – szellemet, lelket és testet. Nem vagyok örökre összetört. Benned vagyok egész. Jézus nevében. Ámen.

25. NAP: AZ IDEGEN GYERMEKEK ÁTKA – AMIKOR A SORSOK SZÜLETÉSKOR FELCSERÉLŐDNEK

„*Idegen gyermekek az ő gyermekeik: most egy hónap emészti meg őket osztályrészeikkel együtt.*" – Hóseás 5:7

„*Mielőtt megformáltalak az anyaméhben, ismertelek téged...*" – Jeremiás 1:5

Nem minden gyermek, aki egy adott családba születik, annak a családnak született.

Nem minden gyermek hordozza a te DNS-edet, és nem is hordozza a te örökségedet.

Az ellenség régóta használja **a születést csatatérként** – sorsokat cserél ki, hamis utódokat ültet, sötét szövetségekbe avatja a csecsemőket, és már a fogantatás megkezdése előtt beleavatkozik a méhekbe.

Ez nem csupán fizikai kérdés. Ez **egy spirituális folyamat** – oltárokkal, áldozatokkal és démoni törvényekkel.

Mik azok a furcsa gyerekek?

A „furcsa gyerekek" a következők:

- Okkult odaadás, rituálék vagy szexuális szövetségek révén született gyermekek.
- Az utódok születésükkor megváltoztak (akár lelkileg, akár fizikailag).
- Sötét feladatokat hordozó gyerekek a családjukban vagy a leszármazási vonalukban.
- Boszorkányság, nekromancia vagy generációs oltárok révén az anyaméhben elfogott lelkek.

Sok gyermek lázadásban, függőségben, a szülei vagy önmaga gyűlöletében nő fel – nemcsak a rossz nevelés miatt, hanem amiatt is, hogy **kik vették őket lelkileg a kezükbe születésükkor**.

GLOBÁLIS KIFEJEZÉSEK

- **Afrika** – Spirituális cserék kórházakban, méhszennyezés tengeri szellemek vagy rituális szex révén.
- **India** – A gyerekeket születésük előtt beavatják templomokba vagy karma-alapú sorsba.
- **Haiti és Latin-Amerika** – Santeria-szentelések, oltáron vagy varázslatok után fogantatott gyermekek.
- **Nyugati nemzetek** – Az IVF és a béranyaság gyakorlata néha okkult szerződésekhez vagy donor leszármazási vonalakhoz kapcsolódik; olyan abortuszok, amelyek nyitva hagyják a spirituális kapukat.
- **Őshonos kultúrák világszerte** – Szellemnévadási szertartások vagy totemisztikus identitásátadások.

Történet: *A rossz lélekkel rendelkező baba*

Clara, egy ugandai ápolónő, megosztotta, hogyan vitte el egy nő újszülött gyermekét egy imagyűlésre. A gyermek folyamatosan sikoltozott, elutasította a tejet, és hevesen reagált az imára.

Egy prófétai szó feltárta, hogy a csecsemő születésekor „kicserélődött" a lélekben. Az anya bevallotta, hogy egy varázsló imádkozott a hasáért, miközben kétségbeesetten vágyott gyermekre.

A bűnbánat és a kitartó szabadulásért imádkozó imák révén a baba először ernyedt, majd megnyugodott. A gyermek később virult – a helyreállított béke és fejlődés jeleit mutatva.

Nem minden gyermeki szenvedés veleszületett. Némelyik már **a fogantatástól kezdve ránk van írva**.

Akcióterv – A méh sorsának visszaszerzése

1. Ha szülő vagy, **ajánld fel újra gyermekedet Jézus Krisztusnak**.

2. Mondj le minden születés előtti átokról, elkötelezettségről vagy szövetségről – még akkor is, ha azokat tudtukon kívül az őseid kötötték.
3. Imádságban közvetlenül gyermeked lelkéhez szólj: „Istenhez tartozol. A sorsod helyreállt."
4. Ha gyermektelen vagy, imádkozz a méhedért, elutasítva a spirituális manipuláció vagy beavatkozás minden formáját.

Kulcsfontosságú szentírási részek:

- Hóseás 9:11–16 – Ítélet az idegen mag felett
- Ézsaiás 49:25 – Küzdj gyermekeidért
- Lukács 1:41 – Lélekkel betöltött gyermekek az anyaméhtől fogva
- Zsoltárok 139:13–16 – Isten szándékos terve az anyaméhben

Csoportos elköteleződés

- Kérjék meg a szülőket, hogy hozzák magukkal gyermekeik nevét vagy fényképét.
- Minden név felett jelentsd ki: „Gyermeked személyazonossága helyreállt. Minden idegen kéz levágattatott."
- Imádkozzatok a méh lelki megtisztulásáért minden nőért (és a férfiakért, mint a mag lelki hordozóiért).
- Az úrvacsorával szimbolizálhatod a vérvonalbeli sorsod visszaszerzését.

Szolgálati eszközök: Úrvacsora, kenet olaj, nyomtatott nevek vagy babakellékek (opcionális).

Kulcsfontosságú információk

Sátán az anyaméhet veszi célba, mert **ott formálódnak a próféták, a harcosok és a sorsok** . De minden gyermek visszaszerezhető Krisztus által.

Reflection Journal

- Volt már furcsa álmom terhesség alatt vagy szülés után?
- Természetellenesnek tűnő módon küzdenek a gyerekeim?

- Készen állok szembenézni a generációs lázadás vagy késlekedés spirituális gyökereivel?

Megtérési ima
Atyám, méhemet, magvamat és gyermekeimet a Te oltárodhoz viszem. Megbánok minden ajtót – ismertet vagy ismeretlent –, amely belépést engedett az ellenségnek. Megtörök minden átkot, odaadást és démoni megbízatást, amely gyermekeimhez kötődik. Szólok felettük: Szentek vagytok, kiválasztottak és Isten dicsőségére elpecsételtek. Sorsotok megváltott. Jézus nevében. Ámen.

26. NAP: A HATALOM REJTETT OLTÁRAI — SZABADULÁS AZ ELIT OKKULTIKUS SZÖVETSÉGEKTŐL

„*Ismét vivé őt az ördög egy igen magas hegyre, megmutatá néki a világ minden országát és azok dicsőségét. És monda: Mindezt neked adom, ha leborulva imádsz engem.*" – Máté 4:8–9

Sokan úgy gondolják, hogy a sátáni hatalom csak a háttérrituálékban vagy sötét falvakban található meg. De a legveszélyesebb szövetségek némelyike fényes öltönyök, elit klubok és többgenerációs befolyás mögött rejtőzik.

Ezek a **hatalom oltárai** – véreskük, beavatások, titkos szimbólumok és szóbeli fogadalmak által formálva, amelyek egyéneket, családokat, sőt egész nemzeteket is Lucifer uralmához kötnek. A szabadkőművességtől a kabbalisztikus rítusokig, a keleti csillagbeavatásoktól az ókori egyiptomi és babiloni misztériumiskolákig – megvilágosodást ígérnek, de rabságot hoznak.

Globális kapcsolatok

- **Európa és Észak-Amerika** – szabadkőművesség, rózsakeresztesség, az Arany Hajnal Rendje, Koponya és Csontok, Bohém Liget, kabbala beavatások.
- **Afrika** – Politikai vérszerződések, ősi szellemi alkudozások az uralkodásért, magas szintű boszorkányszövetségek.
- **Ázsia** – Megvilágosodott társadalmak, sárkányszellem-paktumok, ősi varázslathoz kötődő vérvonal-dinasztiák.
- **Latin-Amerika** – Politikai santeria, kartellhez kötött rituális védelem, sikerre és mentességre kötött paktumokat.
- **Közel-Kelet** – Az ókori babiloni, asszír szertartások vallási vagy királyi álruhában öröklődtek tovább.

Vallomás – Egy szabadkőműves unokája megtalálja a szabadságot

Carlos, aki egy befolyásos argentin családban nőtt fel, soha nem tudta, hogy nagyapja elérte a szabadkőművesség 33. fokát. Furcsa tünetek gyötörték életét – alvási paralízis, kapcsolati szabotázs és az a következetes képtelenség, hogy bármily keményen is próbálkozott, előrelépjen.

Miután részt vett egy elit okkult kapcsolatokat leleplező szabadító tanításon, szembesült családja történetével, és szabadkőműves ruhákra, valamint rejtett naplókra bukkant. Egy éjféli böjt alatt lemondott minden vérszerződésről, és kinyilvánította a szabadságot Krisztusban. Ugyanazon a héten megkapta azt az áttörést jelentő állást, amire évek óta várt.

A magas szintű oltárok magas szintű ellenállást keltenek – de **Jézus vére** hangosabban beszél, mint bármilyen eskü vagy rituálé.

Akcióterv – A rejtett páholy leleplezése

1. **Nyomozás**: Vannak szabadkőműves, ezoterikus vagy titkos kapcsolatok a vérvonaladban?
2. **Mondj le** minden ismert és ismeretlen szövetséget a Máté 10:26–28-on alapuló kijelentésekkel.
3. **Égess el vagy távolíts el** minden okkult szimbólumot: piramisokat, mindent látó szemeket, iránytűket, obeliszkeket, gyűrűket vagy köpenyeket.
4. **Imádkozz hangosan**:

„Megszegek minden titkos megállapodást titkos társaságokkal, fénykultuszokkal és hamis testvériségekkel. Csak az Úr Jézus Krisztust szolgálom."

Csoportos jelentkezés

- Kérjék meg a tagokat, hogy írják le az elittel való ismert vagy feltételezett okkult kapcsolataikat.
- Vezess egy **szimbolikus cselekményt a kötelékek elvágásával** – tépj papírokat, égess el képeket, vagy kend meg a homlokukat az elválasztás pecsétjeként.
- **A 2. zsoltár** segítségével jelentsd ki az Úr felkentje ellen szőtt nemzeti és családi összeesküvések megtörését.

Kulcsfontosságú információk

Sátán legnagyobb szorítása gyakran titkolózásba és presztízsbe burkolózik. Az igazi szabadság akkor kezdődik, amikor leleplezed, megtagadod és imádattal és igazsággal eltávolítod ezeket az oltárokat.

Reflection Journal

- Örököltem-e olyan gazdagságot, hatalmat vagy lehetőségeket, amelyek spirituálisan „nem megfelelőnek" tűnnek?
- Vannak titkos kapcsolatok az ősömben, amelyeket figyelmen kívül hagytam?
- Mennyibe fog kerülni, ha megszakítom az istentelen hatalomhoz való hozzáférést – és hajlandó vagyok-e erre?

A szabadulás imája

Atyám, minden rejtett páholyból, oltárból és megállapodásból kijövök – a nevemben vagy vérvonalam nevében. Elvágok minden lelki köteléket, minden vér szerinti köteléket és minden tudatosan vagy tudatlanul tett esküt. Jézus, Te vagy az egyetlen Világosságom, egyetlen Igazságom és egyetlen oltalmazóm. Engedd, hogy tüzed elemésszen minden istentelen láncszemet a hatalomhoz, befolyáshoz vagy megtévesztéshez. Teljes szabadságot kapok, Jézus nevében. Ámen.

27. NAP: SZENTSÉGTELEN SZÖVETSÉGEK — SZABADKŐMŰVESSÉG, ILLUMINATI ÉS SPIRITUÁLIS BESZIVÁRGÁS

„**N**e avatkozzatok bele a sötétség gyümölcstelen cselekedeteibe, hanem inkább leplezzétek le azokat." – Efézus 5:11
„Nem ihatjátok meg az Úr poharát is, meg az ördögök poharát is." – 1Korinthus 10:21

Léteznek titkos társaságok és globális hálózatok, amelyek ártalmatlan testvéri szervezetekként tüntetik fel magukat – jótékonyságot, kapcsolatokat vagy megvilágosodást kínálva. De a függöny mögött mélyebb eskük, vérrituálék, lelki kötelékek és a luciferi doktrína „fénybe" burkolt rétegei húzódnak meg.

A szabadkőművesség, az Illuminátusok, az Eastern Star, a Skull and Bones és testvérhálózataik nem csupán társasági klubok. A hűség oltárai – némelyik évszázadokra nyúlik vissza –, amelyek célja, hogy spirituálisan beszivárogjanak családokba, kormányokba és akár egyházakba is.

Globális lábnyom

- **Észak-Amerika és Európa** – szabadkőműves templomok, skót rítusú páholyok, a Yale-i Skull & Bones.
- **Afrika** – Politikai és királyi beavatások szabadkőműves szertartásokkal, vérszerződések védelem vagy hatalom érdekében.
- **Ázsia** – misztikus megvilágosodásnak álcázott kabbalaiskolák, titkos szerzetesi szertartások.
- **Latin-Amerika** – Rejtett elit rendek, a santeria egyesült az elit befolyásával és vérszerződésekkel.

- **Közel-Kelet** – Az ókori babiloni titkos társaságok, amelyek hatalmi struktúrákhoz és hamis fényimádathoz kötődtek.

EZEK A HÁLÓZATOK GYAKRAN:

- Vért vagy szóbeli esküt követelnek.
- Használj okkult szimbólumokat (iránytű, piramis, szem).
- Szertartások lebonyolítása egy rend megidézésére vagy lelked egy rendnek való felajánlására.
- Befolyást vagy vagyont adni spirituális irányításért cserébe.

Vallomástétel – Egy püspök vallomása

alacsony szinten csatlakozott a szabadkőművességhez – pusztán a „kapcsolatok" miatt. De ahogy felfelé haladt a ranglétrán, furcsa követelményeket kezdett látni: hallgatási esküt, szemkötővel és szimbólumokkal járó szertartásokat, valamint egy „fényt", ami hideggé tette az imaéletét. Abbahagyta az álmodozást. Nem tudta olvasni a Szentírást.

Miután megbánta bűneit és nyilvánosan elítélte minden rangját és fogadalmát, a lelki köd feloszlott. Ma bátran hirdeti Krisztust, leleplezve azt, amiben egykor részt vett. A láncok láthatatlanok voltak – amíg el nem szakadtak.

Akcióterv – A szabadkőművesség és a titkos társaságok befolyásának megtörése

1. **Nevezze meg** a szabadkőművességgel, rózsakeresztességgel, kabbalával, a Koponya és csontok renddel vagy hasonló titkos rendekkel kapcsolatos személyes vagy családi kapcsolatait.
2. **Mondj le minden beavatási szintről vagy fokról**, az 1-től a 33-ig vagy afelettiig, beleértve az összes rituálét, zsetont és esküt. (Online is találhatsz vezetett szabadulási lemondásokat.)
3. **Imádkozz hatalommal**:

„Megszegek minden lelki köteléket, vérszerződést és titkos társaságoknak tett esküt – általam vagy a nevemben. Visszaszerzem a lelkemet Jézus Krisztusnak!"

1. **Semmisítsd meg a szimbolikus tárgyakat**: díszruhákat, könyveket, okleveleket, gyűrűket vagy bekeretezett képeket.
2. **deklarálása** a következőképpen:
   - Galaták 5:1
   - Zsoltárok 2:1–6
   - Ézsaiás 28:15–18

Csoportos jelentkezés

- A csoport tagjai csukják be a szemüket, és kérjék meg a Szentlelket, hogy fedje fel a titkos hovatartozásokat vagy családi kötelékeket.
- Vállalati lemondás: imádkozz, hogy lemondj minden ismert vagy ismeretlen kapcsolatról az elit rendekhez.
- Használd az úrvacsorát a szakítás megpecsételésére és a szövetségek Krisztushoz való igazítására.
- Kend meg a fejeket és a kezeket – állítsd helyre a tiszta elmét és a szent cselekedeteket.

Kulcsfontosságú információk

Amit a világ „elitnek" nevez, azt Isten talán utálatosságnak nevezi. Nem minden befolyás szent – és nem minden fény világosság. Nincs olyan, hogy ártalmatlan titkolózás, ha spirituális esküről van szó.

Reflection Journal

- Tagja voltam-e titkos rendeknek vagy misztikus megvilágosodási csoportoknak, vagy kíváncsi voltam-e ezekre?
- Van-e bizonyítéka a hitemben a lelki vakságnak, stagnálásnak vagy hidegségnek?
- Bátran és méltósággal kell szembenéznem a családi eseményekkel?

A szabadság imája

Uram Jézus, én járulok eléd, mint az egyetlen igaz Világosság. Megtagadok minden köteléket, minden esküt, minden hamis fényt és minden rejtett rendet, amely engem követel. Elvágom a szabadkőművességet, a titkos társaságokat, az ősi testvériségeket és minden sötétséghez kapcsolódó spirituális köteléket. Kijelentem, hogy egyedül Jézus vére alatt vagyok – elpecsételve, megszabadulva és szabadon. Engedd, hogy a Lelked eltüntesse e szövetségek minden maradványát. Jézus nevében, ámen.

28. NAP: KABBALA, ENERGIAHÁLÓZATOK ÉS A MISTERIKUS „FÉNY" CSÁBÍTÁSA

„**M**ert maga a Sátán is a világosság angyalának adja ki magát." – 2Korinthus 11:14

„A benned lévő világosság sötétség – milyen mély ez a sötétség!" – Lukács 11:35

Egy olyan korban, amelyet a spirituális megvilágosodás megszállottan jellemez, sokan tudtukon kívül ősi kabbalisztikus gyakorlatokba, energiagyógyításba és misztikus fénytanításokba merülnek, amelyek okkult doktrínákban gyökereznek. Ezek a tanítások gyakran „keresztény miszticizmusnak", „zsidó bölcsességnek" vagy „tudományon alapuló spiritualitásnak" álcázzák magukat – pedig Babilonból származnak, nem Sionból.

A Kabbala nem csupán egy zsidó filozófiai rendszer; egy spirituális mátrix, amely titkos kódokra, isteni kisugárzásokra (szefirákra) és ezoterikus ösvényekre épül. Ugyanaz a csábító megtévesztés, amely a tarot, a numerológia, a zodiákus portálok és a New Age rácsok mögött is megbúvó.

Sok híresség, influenszer és üzleti mogul piros zsinórt visel, kristályenergiával meditál, vagy a Zohár tanításait követi anélkül, hogy tudná, hogy egy láthatatlan spirituális csapdába esés rendszerében vesz részt.

Globális összefonódások

- **Észak-Amerika** – Wellness-helyiségeknek álcázott Kabbala-központok; vezetett energiameditációk.
- **Európa** – A druida kabbala és az ezoterikus kereszténység titkos rendekben tanított.
- **Afrika** – Jóléti kultuszok, amelyek a szentírásokat numerológiával és

energiaportálokkal keverik.
- **Ázsia** – A csakragyógyítást „fényaktiválásra" nevezik át, összhangban az univerzális kódokkal.
- **Latin-Amerika** – Szentek keverednek a kabbalisztikus arkangyalokkal a misztikus katolicizmusban.

Ez a hamis fény csábítása – ahol a tudás istenné, a megvilágosodás pedig börtönné válik.

Valódi tanúságtétel – Menekülés a „fénycsapdából"

Marisol, egy dél-amerikai üzleti coach, úgy gondolta, hogy egy kabbalisztikus mentortól kapott numerológia és az „isteni energiaáramlás" révén fedezte fel az igazi bölcsességet. Álmai élénkebbekké, látomásai élesekké váltak. De a békéje? Eltűnt. Kapcsolatai? Összeomlanak.

Álmában árnylények gyötörték, a napi „fényimádságai" ellenére. Egy barátja videóval vallomást küldött neki egy korábbi misztikusról, aki találkozott Jézussal. Azon az éjszakán Marisol Jézushoz kiáltott. Vakító fehér fényt látott – nem misztikusat, hanem tisztaat. Visszatért a béke. Elpusztította az anyagait, és megkezdte szabadulás útját. Ma egy Krisztus-központú mentorplatformot működtet spirituális megtévesztés csapdájába esett nők számára.

Akcióterv – Lemondani a hamis megvilágosodásról

1. **Ellenőrizd** a kitettséged: Olvastál misztikus könyveket, gyakoroltál energiagyógyítást, követtél horoszkópokat, vagy viseltél piros zsinórt?
2. **Térj meg**, hogy Krisztuson kívül kerested a világosságot.
3. **Párhuzamok megszakítása** a következővel:
    - Kabbala/Zohár tanítások
    - Energiagyógyászat vagy fényaktiválás
    - Angyalhívások vagy névdekódolás
    - Szent geometria, numerológia vagy „kódok"
4. **Imádkozz hangosan**:

"Jézus, Te vagy a világ Világossága. Megtagadok minden hamis fényt, minden okkult tanítást és minden misztikus csapdát. Hozzád térek vissza, mint az igazság egyetlen forrásához!"

1. **Kijelentendő szentírásversek :**
   - János 8:12
   - 5Mózes 18:10–12
   - Ézsaiás 2:6
   - 2Korinthus 11:13–15

Csoportos jelentkezés

- Kérdezd meg: Részt vettél-e (vagy családod) valaha New Age, numerológia, kabbala vagy misztikus „fény" tanításokban, vagy találkoztál-e már velük?
- Csoportos lemondás a hamis fényről és újra Jézusnak, mint az egyetlen Világosságnak való odaadás.
- Használj só és fény képeket – adj minden résztvevőnek egy csipet sót és egy gyertyát, hogy kijelenthessék: „Én egyedül Krisztusban vagyok só és világosság."

Kulcsfontosságú információk
Nem minden fény szent. Ami Krisztuson kívül világít, az végül mindent felemészt.

Reflection Journal

- Isten Igéjén kívül kerestem-e tudást, erőt vagy gyógyulást?
- Milyen spirituális eszközöktől vagy tanításoktól kell megszabadulnom?
- Van valaki, akit bevezettem a New Age-be vagy a „fény" gyakorlataiba, és akit most vissza kellene vezetnem?

A szabadulás imája
Atyám, kilépek az egyetértésből minden hamis fény, miszticizmus és titkos tudás szellemével. Megtagadom a Kabbalát, a numerológiát, a szent geometriát és

minden sötét kódot, ami fénynek álcázza magát. Kijelentem, hogy Jézus az életem Világossága. Elfordulok a megtévesztés útjától, és az igazságra lépek. Tisztíts meg engem tüzeddel, és tölts el Szentlélekkel. Jézus nevében. Ámen.

29. NAP: AZ ILLUMINATI FÁTYOL – AZ ELIT OKKULT HÁLÓZATOK LELEPLEZÉSE

„**F**elkelnek a föld királyai, és a fejedelmek egybegyűlnek az Úr ellen és az ő Felkentje ellen."* – Zsoltárok 2:2
„*Nincs semmi elrejtve, ami nyilvánvalóvá ne jutna, és nincs semmi elrejtve, ami napvilágra ne jutna."* – Lukács 8:17

Van egy világ a mi világunkon belül. Rejtett, szem elől téve.

Hollywoodtól a nagy pénzügyi világig, a politikai folyosóktól a zenei birodalmakig sötét szövetségek és spirituális szerződések hálózata irányítja azokat a rendszereket, amelyek formálják a kultúrát, a gondolkodást és a hatalmat. Ez több mint összeesküvés – ez egy ősi lázadás, amelyet a modern színpadra csomagoltak újra.

Az Illuminátusok lényegében nem egyszerűen egy titkos társaság – hanem egy luciferi törekvések uralta mozgalom. Egy spirituális piramis, ahol a csúcson lévők vérontással, rituálékkal és lélekcserével fogadnak hűséget, gyakran szimbólumokba, divatba és popkultúrába burkolva, hogy a tömegeket kondicionálják.

Ez nem paranoiáról szól, hanem tudatosságról.

VALÓDI TÖRTÉNET – UTAZÁS a hírnévtől a hitig

Marcus feltörekvő zenei producer volt az Egyesült Államokban. Amikor harmadik nagy slágere bekerült a slágerlistákra, bevezették egy exkluzív klubba – befolyásos férfiak és nők, spirituális „mentorok", titokban tartott szerződések. Eleinte elit mentorálásnak tűnt. Aztán jöttek az „invokációs" ülések – sötét szobák, vörös fények, kántálás és tükörrituálék. Elkezdte megtapasztalni a testén kívüli utazásokat, a hangok dalokat suttogtak neki éjszaka.

Egyik éjjel, befolyás és kínzás alatt, megpróbálta elvenni az életét. De Jézus közbelépett. Egy imádkozó nagymama közbenjárása áttört rajta. Elmenekült, megtagadta a rendszert, és hosszú szabadulási útra indult. Ma a zene által leleplezi az iparág sötétségét, amely a fényről tesz tanúbizonyságot.

REJTETT ELLENŐRZÉSI rendszerek

- **Véráldozatok és szexuális rituálék** – A hatalomba való beavatáshoz csere szükséges: test, vér vagy ártatlanság.
- **Elmeprogramozás (MK Ultra minták)** – A médiában, a zenében és a politikában használják töredezett identitások és kezelők létrehozására.
- **Szimbolizmus** – Piramisszemek, főnixek, sakktábla alakú padló, baglyok és fordított csillagok – a hűség kapui.
- **Luciferi doktrína** – „Tedd, amit akarsz", „Légy a saját istened", „ Fényhozó megvilágosodás".

Akcióterv – Kiszabadulni az elit hálókból

1. **Bánd meg**, ha bármilyen, okkult felhatalmazáshoz kapcsolódó rendszerben veszel részt, még akkor is, ha tudtodon kívül (zene, média, szerződések).
2. **Mondj le** a hírnévről mindenáron, a rejtett szövetségekről, vagy az elit életstílus iránti rajongásról.
3. **Imádkozz** minden szerződésért, márkáért vagy hálózatért, amelynek részese vagy . Kérd a Szentlelket, hogy tárja fel a rejtett kötelékeket.
4. **Hangosan jelentsd ki** :

„Elutasítok minden rendszert, esküt és a sötétség szimbólumát. A Fény Királyságához tartozom. A lelkem nem eladó!"

1. **Horgony szentírások** :
    - Ézsaiás 28:15–18 – A halállal kötött szövetség nem áll fenn
    - 2. zsoltár – Isten nevet a gonosz összeesküvéseken

- 1Korinthus 2:6-8 – E világ fejedelmei nem értik Isten bölcsességét

CSOPORTOS JELENTKEZÉS

- Vezesd a csoportot egy **szimbólumtisztító** foglalkozáson – hozz magaddal olyan képeket vagy logókat, amelyekkel kapcsolatban a résztvevőknek kérdéseik vannak.
- Bátorítsd az embereket, hogy osszák meg, hol láttak illuminátus jeleket a popkultúrában, és hogyan formálták ezek a nézeteiket.
- Kérd meg a résztvevőket, hogy **ismét kötelezzék el magukat** Krisztus céljai mellett (zene, divat, média).

Kulcsfontosságú információk
A legerősebb megtévesztés az, amely a csillogás mögé bújik. De amikor leveszik az álarcot, a láncok elszakadnak.
Reflection Journal

- Vonzódnak-e olyan szimbólumok vagy mozgalmak, amelyeket nem teljesen értek?
- Tettem-e fogadalmakat vagy megállapodásokat befolyás vagy hírnév érdekében?
- Az ajándékom vagy a platformom melyik részét kell újra Istennek átadnom?

A szabadság imája
Atyám, elutasítok minden rejtett struktúrát, esküt és befolyást az Illuminátusoktól és az elit okkultizmustól. Megtagadom a hírnevet nélküled, a hatalom cél nélkül és a tudást Szentlélek nélkül. Felmondok minden vér- vagy szószövetséget, amelyet valaha is kötöttek felettem, tudatosan vagy tudatlanul. Jézus, trónra emellek Téged elmém, ajándékaim és sorsom Uraként. Leleplez és lerombol minden láthatatlan láncot. A te nevedben kelek fel, és fényben járok. Ámen.

30. NAP: A MISZTÉRIUMISKOLA – ŐSI TITKOK, MODERN RABASÁG

„**N**yitott sír a torkuk, nyelvük álnokságot beszél, viperák mérge van ajkukon." – Róma 3:13

„*Ne nevezzétek összeesküvésnek mindazt, amit e nép összeesküvésnek nevez; ne féljetek attól, amit ők félnek... A mindenható Urat tartsátok szentnek...*" – Ézsaiás 8:12–13

Jóval az Illuminátusok előtt léteztek az ősi misztériumiskolák – Egyiptom, Babilon, Görögország, Perzsia –, melyek célja nemcsak a „tudás" átadása volt, hanem a természetfeletti erők felébresztése is sötét rituálékon keresztül. Ma ezek az iskolák elit egyetemeken, spirituális elvonulásokon, „tudatosságnövelő" táborokban, sőt online képzéseken keresztül is újraélednek, melyeket személyes fejlődésnek vagy magas szintű tudatosságébredésnek álcáznak.

A Kabbala köreitől a teozófián, a hermetikus rendeken át a rózsakeresztességig – a cél ugyanaz: „olyanná válni, mint az istenek", felébreszteni a lappangó erőt anélkül, hogy Istennek meghódolnánk. Rejtett énekek, szakrális geometria, asztrális projekció, a tobozmirigy feloldása és a ceremoniális rituálék sokakat spirituális rabságba taszítanak a „fény" álcája alatt.

De minden Jézusban nem gyökerező „fény" hamis fény. És minden rejtett esküt meg kell szegni.

Valódi történet – A szakértőtől az elhagyottig

Sandra*, egy dél-afrikai wellness coach, egy mentorprogramon keresztül került be egyiptomi misztériumrendbe. A képzés csakra-összehangolásokat, napmeditációkat, holdrituálékat és ősi bölcsességtekercseket tartalmazott. „Letöltéseket" és „felemelkedéseket" kezdett tapasztalni, de ezek hamarosan pánikrohamokká, alvási bénulássá és öngyilkossági gondolatokká váltak.

Amikor egy szabadító lelkész leleplezte a forrást, Sandra rájött, hogy lelke fogadalmak és spirituális szerződések kötik össze. A rendről való lemondás jövedelem és kapcsolatok elvesztését jelentette – de visszanyerte szabadságát. Ma egy Krisztusra összpontosító gyógyítóközpontot vezet, és másokat is figyelmeztet a New Age megtévesztéseire.

A misztériumiskolák közös szálai napjainkban

- **Kabbala körök** – zsidó miszticizmus numerológiával, angyalimádattal és asztrális síkokkal keverve.
- **Hermetizmus** – „Ahogy fent, úgy lent" tana; felhatalmazza a lelket a valóság manipulálására.
- **Rózsakeresztesek** – Titkos rendek, amelyek az alkímiai átalakuláshoz és a szellem felemelkedéséhez kapcsolódnak.
- **Szabadkőművesség és ezoterikus testvériségek** – Réteges fejlődés a rejtett fénybe; minden fokozatot eskük és rituálék kötnek.
- **Spirituális elvonulások** – Pszichedelikus „megvilágosodási" szertartások sámánokkal vagy „vezetőkkel".

Akcióterv – Ősi igák letörése

1. **Mondj le** minden szövetséget, amelyet beavatások, tanfolyamok vagy Krisztuson kívüli spirituális szerződések révén kötöttek.
2. **Szüntess meg** minden olyan „fény" vagy „energia" forrás erejét, amely nem a Szentlélekben gyökerezik.
3. **Tisztítsd meg** otthonodat a szimbólumoktól: ankhoktól, Hórusz szemétől, szent geometriától, oltároktól, füstölőktől, szobroktól vagy rituális könyvektől.
4. **Hangosan jelentsd ki :**

„Elutasítok minden ősi és modern utat a hamis fényhez. Aláveszem magam Jézus Krisztusnak, az igazi Világosságnak. Minden titkos esküt az Ő vére szeg meg."

HORGONY SZENTÍRÁSOK

- Kolossé 2:8 – Nincs üres és megtévesztő filozófia
- János 1:4–5 – Az igazi világosság a sötétségben világít
- 1Korinthus 1:19–20 – Isten elpusztítja a bölcsek bölcsességét

CSOPORTOS JELENTKEZÉS

- Rendezz egy szimbolikus „tekercségetés" estéjét (ApCsel 19:19) – ahol a csoport tagjai elhozzák és megsemmisítik az okkult könyveket, ékszereket és tárgyakat.
- Imádkozz azokért az emberekért, akik furcsa tudást „töltöttek le", vagy meditáció révén megnyitották a harmadik szem csakrájukat.
- Végigvezeted a résztvevőket egy **„fényátadás"** imán – kérve a Szentlelket, hogy vegye át az irányítást minden olyan területen, amelyet korábban az okkult fénynek adtak át.

KULCSFONTOSSÁGÚ INFORMÁCIÓK

Isten nem rejti el az igazságot rejtélyekbe és rituálékba – a Fián keresztül nyilatkoztatja ki. Óvakodj a „fénytől", amely sötétségbe von.

REFLECTION JOURNAL

- Csatlakoztam már olyan online vagy fizikai iskolához, amely ősi bölcsességet, aktiváló vagy misztikum-erőket ígér?
- Vannak-e olyan könyvek, szimbólumok vagy rituálék, amelyeket valaha ártalmatlannak gondoltam, de most bűntudatot érzek miattuk?
- Hol kerestem inkább a spirituális élményt, mint az Istennel való kapcsolatot?

A szabadulás imája

Uram Jézus, Te vagy az Út, az Igazság és a Világosság. Megbánok minden utat, amelyen a Te Igédet megkerültem. Megtagadok minden misztériumiskolát, titkos rendet, esküt és beavatást. Megszakítom a lelki kötelékeket minden vezetővel, tanítóval, szellemmel és rendszerrel, amelyek ősi megtévesztésen alapulnak. Ragyogtasd be fényedet szívem minden rejtett zugába, és tölts el Lelked igazságával. Jézus nevében szabadon járok. Ámen.

31. NAP: KABBALA, SZENT GEOMETRIA ÉS ELIT FÉNYCSALÁS

„**M**ert maga a Sátán is átváltoztatja magát világosság angyalává." – 2Korinthus 11:14

„*A titkok az Úréi, a mi Istenünkéi, a kinyilatkoztatottak pedig a miénk...*" – 5Mózes 29:29

A spirituális tudás keresésében veszély rejlik – a „rejtett bölcsesség" csábítása, amely Krisztustól függetlenül hatalmat, világosságot és isteniséget ígér. A hírességek köreitől a titkos páholyokig, a művészettől az építészetig a megtévesztés mintázata szövi át magát a világon, és a keresőket a **Kabbala**, **a szakrális geometria** és **a misztériumtanítások ezoterikus hálójába vonzza**.

Ezek nem ártalmatlan intellektuális felfedezések. Belépők a fénynek álcázott bukott angyalokkal kötött spirituális szövetségekbe.

GLOBÁLIS MANIFESZTÁCIÓK

- **Hollywood és zeneipar** – Sok híresség nyíltan visel kabbala karkötőket, vagy szent szimbólumokat tetoválással ábrázol (például az Élet fáját), amelyek az okkult zsidó miszticizmusra vezethetők vissza.
- **Divat és építészet** – Szabadkőműves tervek és szent geometriai minták (az Élet Virága, hexagramok, Hórusz Szeme) beépülnek a ruházatba, az épületekbe és a digitális művészetbe.
- **Közel-Kelet és Európa** – A Kabbala tanulmányi központok az elit körében virágoznak, gyakran keverve a miszticizmust a numerológiával, az asztrológiával és az angyali invokációkkal.
- **Online és New Age körök világszerte** – A YouTube, a TikTok és a

podcastok normalizálják a „fénykódokat", az „energiaportálokat", a „3-6-9 rezgéseket" és az „isteni mátrix" tanításokat, amelyek a szakrális geometrián és a kabbalisztikus kereteken alapulnak.

Valódi történet – Amikor a fény hazugsággá válik
A 27 éves svéd Jana a Kabbala tanulmányozása után kezdett el érdeklődni kedvenc énekese, aki ezt a módszert tartotta a „kreatív ébredésének" a forrásának. Megvette a piros zsinóros karkötőt, geometrikus mandalákkal kezdett meditálni, és ősi héber szövegekből tanulmányozta az angyalok nevét.

A dolgok elkezdtek megváltozni. Álmai furcsává váltak. Álmában lényeket érzett maga mellett, akik bölcsességet suttogtak – majd vért követeltek. Árnyak követték, de ő még több fényre vágyott.

Végül rábukkant egy online szabadulásról szóló videóra, és rájött, hogy a gyötrelme nem spirituális felemelkedés, hanem spirituális megtévesztés volt. Hat hónapnyi szabadító ülés, böjt és a házában található összes kabbalisztikus tárgy elégetése után a béke kezdett visszatérni. Most a blogján keresztül másokat is figyelmeztet: „A hamis fény majdnem elpusztított."

AZ ÖSVÉNY FELISMERÉSE

A kabbala, bár néha vallási köntösbe öltöztetik, elutasítja Jézus Krisztust, mint az Istenhez vezető egyetlen utat. Gyakran felmagasztalja az **„isteni ént"**, elősegíti **a csatornázást** és **az életfa-felemelkedést**, és matematikai **miszticizmust** használ a hatalom megidézésére. Ezek a gyakorlatok **spirituális kapukat nyitnak meg** – nem a mennybe, hanem a fényhordozóknak álcázott entitások számára.

Sok kabbalisztikus doktrína metszi a következőket:

- szabadkőművesség
- Rózsakeresztesség
- Gnoszticizmus
- Luciferiánus megvilágosodási kultuszok

A közös nevező? Az isteni mivolt keresése Krisztus nélkül.
Akcióterv – A hamis fény leleplezése és elűzése

1. **Bánj meg** minden, a Kabbalával, a numerológiával, a szent geometriával vagy a „misztériumiskola" tanításaival kapcsolatos tevékenységet.
2. az otthonodban található, ezekkel a gyakorlatokkal kapcsolatos **tárgyakat – mandalákat, oltárokat, kabbala szövegeket, kristályrácsokat, szent szimbólumokkal díszített ékszereket.**
3. **Mondj le a hamis fény szellemeiről** (pl. Metatron, Raziel, Shekinah misztikus formában), és parancsold meg minden hamis angyalnak a távozást.
4. **Merülj el** Krisztus egyszerűségében és elégségességében (2Korinthus 11:3).
5. **Böjtölj és kend meg** magad – szemeidet, homlokodat, kezeidet –, tagadva meg minden hamis bölcsességet, és kijelentve, hogy egyedül Istennek hűséges vagy.

Csoportos jelentkezés

- Oszd meg a „fénytanításokkal", numerológiával, kabbala médiával vagy szent szimbólumokkal kapcsolatos találkozásaidat.
- Csoportként soroljatok fel olyan kifejezéseket vagy hiedelmeket, amelyek „spirituálisnak" hangzanak, de ellentétesek Krisztussal (pl. „isteni vagyok", „a világegyetem gondoskodik", „Krisztus-tudat").
- Kend meg mindenkit olajjal, miközben kiáltod a János 8:12-t: *„Jézus a világ világossága".*
- Égess el vagy dobj ki minden olyan anyagot vagy tárgyat, amely szakrális geometriára, miszticizmusra vagy „isteni kódokra" utal.

KULCSFONTOSSÁGÚ INFORMÁCIÓK

Sátán nem pusztítóként jelenik meg először. Gyakran megvilágosítóként érkezik – titkos tudást és hamis fényt kínálva. De ez a fény csak mélyebb sötétségbe vezet.

Reflection Journal

- Megnyitottam-e a lelkemet bármilyen „lelki fény" felé, amely elkerülte Krisztust?
- Vannak-e olyan szimbólumok, kifejezések vagy tárgyak, amelyeket ártalmatlannak gondoltam, de most portálokként ismerem fel őket?
- Előtérbe helyeztem-e a személyes bölcsességet a bibliai igazság fölé?

A szabadulás imája

Atyám, megtagadok minden hamis fényt, misztikus tanítást és titkos tudást, amely behálózta lelkemet. Vallom, hogy egyedül Jézus Krisztus a világ igazi Világossága. Elutasítom a Kabbalát, a szent geometriát, a numerológiát és a démonok minden tanát. Hadd irtsak ki most minden hamis szellemet az életemből. Tisztítsd meg szemeimet, gondolataimat, képzeletemet és lelkemet. Egyedül a Tiéd vagyok – szellem, lélek és test. Jézus nevében. Ámen.

3. NAP 2: A BELSŐ KÍGYÓSZELLEM – AMIKOR A SZABADULÁS TÚL KÉSŐN JÖN

„**S**zemeik tele vannak paráznasággal... az állhatatlan lelkeket csábítják... a Bálaám útját követték... akinek a sötétség homálya van fenntartva örökre."
– 2Péter 2:14–17

„Ne tévedjetek: Istent nem lehet kigúnyolni. Amit vet az ember, azt aratja is."
– Galata 6:7

Létezik egy démoni hamisítvány, amely megvilágosodásként parádézik. Gyógyít, energiával tölt fel, erőt ad – de csak egy ideig. Isteni misztériumokat suttog, megnyitja a „harmadik szemed", erőt szabadít fel a gerincedben – majd **kínok rabjává tesz**.

Ez **a Kundalini**.

A **kígyószellem**.

Az Új Kor hamis „szent szelleme".

Miután aktiválódott – jógán, meditáción, pszichedelikumokon, traumán vagy okkult rituálékon keresztül –, ez az erő a gerinc alján tekeredik, és tűzként emelkedik fel a csakrákon keresztül. Sokan spirituális ébredésnek tartják. Valójában **démoni megszállottságról van szó**, amely isteni energiának álcázva van.

De mi történik akkor, **ha nem akar elmúlni**?

Valódi történet – „Nem tudom kikapcsolni"

Marissa, egy fiatal kanadai keresztény nő, mielőtt átadta életét Krisztusnak, korábban „keresztény jógával" foglalkozott. Szerette a békés érzéseket, a rezgéseket, a fényvíziókat. De egy intenzív foglalkozás után, amikor úgy érezte, hogy a gerince „lángol", elájult – és lélegzetvétel nélkül ébredt fel. Azon az éjszakán valami elkezdte **kínozni az álmát**, csavarta a testét, álmában „Jézusként" jelent meg – de gúnyolta őt.

szabadult meg . A szellemek elmentek – de visszatértek. Gerince még mindig remegett. Szemei folyamatosan a szellemek birodalmába láttak. Teste akaratlanul is mozgott. Az üdvösség ellenére most egy olyan poklon járt, amelyet kevés keresztény értett. A szelleme megmenekült – de a lelke **meggyaláztatást szenvedett, megrepedt és darabokra hullott** .

Az utóhatás, amiről senki sem beszél

- **A harmadik szem nyitva marad** : Állandó látomások, hallucinációk, spirituális zaj, hazugságokat beszélő "angyalok".
- **A test nem hagyja abba a rezgést** : Kontrollálhatatlan energia, nyomás a koponyában, szívdobogás.
- **Szüntelen gyötrelem** : Még 10+ szabadító ülés után is.
- **Elszigetelődés** : A lelkészek nem értik. A gyülekezetek figyelmen kívül hagyják a problémát. Az illetőt „instabilnak" bélyegzik.
- **A pokoltól való félelem** : Nem a bűn miatt, hanem a véget nem érő gyötrelem miatt.

Elérhetnek-e a keresztények egy olyan pontot, ahonnan nincs visszaút ?
Igen – ebben az életben. Megmenekülhetsz , de annyira széttöredezett leszel, hogy **a lelked halálig gyötrődik** .
Ez nem félelemkeltés. Ez egy **prófétai figyelmeztetés** .

Globális példák

- **Afrika** – Hamis próféták kundalini tüzet szabadítanak fel az istentiszteletek alatt – az emberek görcsölnek, habzanak, nevetnek vagy ordítanak.
- **Ázsia** – A jógamesterek felemelkednek a „sziddhi" (démoni megszállottság) állapotába, és istentudatnak nevezik azt .
- **Európa/Észak-Amerika** – Neokarizmatikus mozgalmak, amelyek „dicsőség birodalmait" hirdetik, ugatnak, nevetnek, esnek kontrollálatlanul – nem Istentől valók.
- **Latin-Amerika** – Sámánisztikus ébredések, amelyek ayahuascát (növényi drogokat) használnak olyan spirituális ajtók megnyitására, amelyeket nem tudnak bezárni.

AKCIÓTERV – HA TÚL messzire mentél

1. **Valld meg a pontos portált** : Kundalini jóga, harmadik szem meditációk, New Age egyházak, pszichedelikumok stb.
2. **Hagyj fel minden szabadulás-hajszával** : Néhány szellem tovább gyötör, ha félelemmel töltöd el őket.
3. **rögzülj a Szentírásban** – különösen a 119. zsoltárban, az Ézsaiás 61. fejezetében és a János 1. fejezetében. Ezek megújítják a lelket.
4. **Vesd alá magad a közösségnek** : Keress legalább egy Szentlélekkel betöltött hívőt, akivel együtt járhatsz. Az elszigeteltség erőt ad a démonoknak.
5. **Mondj le minden spirituális „látásról", tűzről, tudásról, energiáról** – még akkor is, ha az szentnek érződik.
6. **Kérj Istentől irgalmat** – Nem egyszer. Naponta. Óránként. Kitartóan. Lehet, hogy Isten nem veszi el azonnal, de hordozni fog téged.

CSOPORTOS JELENTKEZÉS

- Tarts egy kis csendes elmélkedést. Kérdezd meg: A lelki tisztaság helyett a lelki erőre törekedtem?
- Imádkozzatok azokért, akik szüntelenül gyötrődnek. NE ígérjetek azonnali szabadságot – ígérjetek **tanítványságot**.
- Tanítsd meg a különbséget a **Lélek gyümölcse** (Galata 5:22–23) és **a lelki megnyilvánulások** (remegés, hőség, látomások) között.
- Égess el vagy semmisíts meg minden új korbeli tárgyat: csakra szimbólumokat, kristályokat, jógamatracokat, könyveket, olajokat, "Jézus-kártyákat".

Kulcsfontosságú információk

Van egy **határ**, amit át lehet lépni – amikor a lélek nyitott kapuvá válik, és nem hajlandó bezáródni. A lelked talán megmenekül... de a lelked és a tested továbbra is gyötrelmekben élhet, ha okkult fény szennyezett be.

Reflection Journal

- Vajon valaha is jobban törekedtem a hatalomra, a tűzre vagy a prófétai látásmódra, mint a szentségre és az igazságra?
- Megnyitottam-e a kapukat a „kereszténycsített" new age gyakorlatokon keresztül?
- Hajlandó vagyok-e **naponta** Istennel járni, még akkor is, ha a teljes szabadulás évekbe telik?

A túlélés imája

Atyám, irgalomért kiáltok. Megtagadok minden kígyószellemet, kundalini erőt, harmadik szem megnyílását, hamis tüzet vagy új kor hamisítványt, amit valaha is érintettem. Átadom lelkemet – úgy is, ahogy van – Neked. Jézus, ments meg nemcsak a bűntől, hanem a gyötrelmektől is. Zárd be kapuimat. Gyógyítsd meg elmémet. Csukd be a szemem. Tapasd össze a kígyót a gerincemben. Várok Rád, még a fájdalomban is. És nem adom fel. Jézus nevében. Ámen.

33. NAP: A BELSŐ KÍGYÓSZELLEM – AMIKOR A SZABADULÁS TÚL KÉSŐN JÖN

„*Szemeik tele vannak paráznasággal... az állhatatlan lelkeket csábítják... a Bálaám útját követték... akinek a sötétség homálya van fenntartva örökre.*"
– 2Péter 2:14–17

„*Ne tévedjetek: Istent nem lehet kigúnyolni. Amit vet az ember, azt aratja is.*"
– Galata 6:7

Létezik egy démoni hamisítvány, amely megvilágosodásként parádézik. Gyógyít, energiával tölt fel, erőt ad – de csak egy ideig. Isteni misztériumokat suttog, megnyitja a „harmadik szemed", erőt szabadít fel a gerincedben – majd **kínok rabjává tesz**.

Ez **a Kundalini**.

A **kígyószellem**.

Az Új Kor hamis „szent szelleme".

Miután aktiválódott – jógán, meditáción, pszichedelikumokon, traumán vagy okkult rituálékon keresztül –, ez az erő a gerinc alján tekeredik, és tűzként emelkedik fel a csakrákon keresztül. Sokan spirituális ébredésnek tartják. Valójában **démoni megszállottságról van szó**, amely isteni energiának álcázva van.

De mi történik akkor, **ha nem akar elmúlni**?

Valódi történet – „Nem tudom kikapcsolni"

Marissa, egy fiatal kanadai keresztény nő, mielőtt átadta életét Krisztusnak, korábban „keresztény jógával" foglalkozott. Szerette a békés érzéseket, a rezgéseket, a fényvíziókat. De egy intenzív foglalkozás után, amikor úgy érezte, hogy a gerince „lángol", elájult – és lélegzetvétel nélkül ébredt fel. Azon az éjszakán valami elkezdte **kínozni az álmát**, csavarta a testét, álmában „Jézusként" jelent meg – de gúnyolta őt.

szabadult meg . A szellemek elmentek – de visszatértek. Gerince még mindig remegett. Szemei folyamatosan a szellemek birodalmába láttak. Teste akaratlanul is mozgott. Az üdvösség ellenére most egy olyan poklon járt, amelyet kevés keresztény értett. A szelleme megmenekült – de a lelke **meggyaláztatást szenvedett, megrepedt és darabokra hullott** .

Az utóhatás, amiről senki sem beszél

- **A harmadik szem nyitva marad** : Állandó látomások, hallucinációk, spirituális zaj, hazugságokat beszélő "angyalok".
- **A test nem hagyja abba a rezgést** : Kontrollálhatatlan energia, nyomás a koponyában, szívdobogás.
- **Szüntelen gyötrelem** : Még 10+ szabadító ülés után is.
- **Elszigetelődés** : A lelkészek nem értik. A gyülekezetek figyelmen kívül hagyják a problémát. Az illetőt „instabilnak" bélyegzik.
- **A pokoltól való félelem** : Nem a bűn miatt, hanem a véget nem érő gyötrelem miatt.

Elérhetnek-e a keresztények egy olyan pontot, ahonnan nincs visszaút ?
Igen – ebben az életben. Megmenekülhetsz , de annyira széttöredezett leszel, hogy **a lelked halálig gyötrődik** .
Ez nem félelemkeltés. Ez egy **prófétai figyelmeztetés** .
Globális példák

- **Afrika** – Hamis próféták kundalini tüzet szabadítanak fel az istentiszteletek alatt – az emberek görcsölnek, habzanak, nevetnek vagy ordítanak.
- **Ázsia** – A jógamesterek felemelkednek a „sziddhi" (démoni megszállottság) állapotába, és istentudatnak nevezik azt .
- **Európa/Észak-Amerika** – Neokarizmatikus mozgalmak, amelyek „dicsőség birodalmait" hirdetik, ugatnak, nevetnek, esnek kontrollálatlanul – nem Istentől valók.
- **Latin-Amerika** – Sámánisztikus ébredések, amelyek ayahuascát (növényi drogokat) használnak olyan spirituális ajtók megnyitására, amelyeket nem tudnak bezárni.

Akcióterv – Ha túl messzire mentél

1. **Valld meg a pontos portált** : Kundalini jóga, harmadik szem meditációk, New Age egyházak, pszichedelikumok stb.
2. **Hagyj fel minden szabadulás-hajszával** : Néhány szellem tovább gyötör, ha félelemmel tölted el őket.
3. **rögzülj a Szentírásban** – különösen a 119. zsoltárban, az Ézsaiás 61. fejezetében és a János 1. fejezetében. Ezek megújítják a lelket.
4. **Vesd alá magad a közösségnek** : Keress legalább egy Szentlélekkel betöltött hívőt, akivel együtt járhatsz. Az elszigeteltség erőt ad a démonoknak.
5. **Mondj le minden spirituális „látásról", tűzről, tudásról, energiáról** – még akkor is, ha az szentnek érződik.
6. **Kérj Istentől irgalmat** – Nem egyszer. Naponta. Óránként. Kitartóan. Lehet, hogy Isten nem veszi el azonnal, de hordozni fog téged.

Csoportos jelentkezés

- Tarts egy kis csendes elmélkedést. Kérdezd meg: A lelki tisztaság helyett a lelki erőre törekedtem?
- Imádkozzatok azokért, akik szüntelenül gyötrődnek. NE ígérjetek azonnali szabadságot – ígérjetek **tanítványságot** .
- Tanítsd meg a különbséget a **Lélek gyümölcse** (Galata 5:22–23) és **a lelki megnyilvánulások** (remegés, hőség, látomások) között.
- Égess el vagy semmisíts meg minden új korbeli tárgyat: csakra szimbólumokat, kristályokat, jógamatracokat, könyveket, olajokat, "Jézus-kártyákat".

Kulcsfontosságú információk

Van egy **határ**, amit át lehet lépni – amikor a lélek nyitott kapuvá válik, és nem hajlandó bezáródni. A lelked talán megmenekül... de a lelked és a tested továbbra is gyötrelmekben élhet, ha okkult fény szennyezett be.

Reflection Journal

- Vajon valaha is jobban törekedtem a hatalomra, a tűzre vagy a prófétai látásmódra, mint a szentségre és az igazságra?
- Megnyitottam-e a kapukat a „keresztényesített" new age gyakorlatokon keresztül?
- Hajlandó vagyok-e **naponta** Istennel járni, még akkor is, ha a teljes szabadulás évekbe telik?

A túlélés imája

Atyám, irgalomért kiáltok. Megtagadok minden kígyószellemet, kundalini erőt, harmadik szem megnyílását, hamis tüzet vagy új kor hamisítványt, amit valaha is érintettem. Átadom lelkemet – úgy is, ahogy van – Neked. Jézus, ments meg nemcsak a bűntől, hanem a gyötrelmektől is. Zárd be kapuimat. Gyógyítsd meg elmémet. Csukd be a szemem. Tapasd össze a kígyót a gerincemben. Várok Rád, még a fájdalomban is. És nem adom fel. Jézus nevében. Ámen.

34. NAP: KŐMŰVESEK, KÓDOK ÉS ÁTKOK — Amikor a testvériség rabsággá válik

„**N**e legyen közösségetek a sötétség gyümölcstelen cselekedeteivel, hanem inkább leplezzétek le azokat." – Efézus 5:11

„Ne köss szövetséget velük, se isteneikkel." – 2Mózes 23:32

Esküket, fokozatokat és titkokat kínálnak, amelyeket „jó embereknek" adnak tovább. De amit a legtöbben nem tudnak, az az, hogy ezek a társaságok **szövetségi oltárok**, amelyek gyakran vérre, megtévesztésre és démoni hűségre épülnek.

A szabadkőművességtől a Kabbaláig, a rózsakeresztesektől a Skull & Bonesig – ezek a szervezetek nem pusztán klubok. **Spirituális szerződések**, amelyeket sötétségben kovácsoltak, és **generációkat átkozó rítusokkal pecsételtek meg**.

Néhányan önként csatlakoztak. Másoknak olyan őseik voltak, akik igen.

Akárhogy is, az átok megmarad – amíg meg nem törik.

Egy rejtett örökség — Jason története

Jason, egy sikeres amerikai bankár, minden adott volt hozzá – gyönyörű család, vagyon és befolyás. Éjszakánként azonban fulladozásra ébredt, csuklyás alakokat látott, és varázsigéket hallott álmaiban. Nagyapja 33. fokozatú szabadkőműves volt, és Jason még mindig viselte a gyűrűt.

Egyszer viccesen kimondta a szabadkőműves fogadalmakat egy klubrendezvényen – de abban a pillanatban, hogy ezt tette, **valami beléhasított**. Összeomlott az elméje. Hangokat hallott. A felesége elhagyta. Megpróbált véget vetni ennek.

Egy lelkigyakorlaton valaki felismerte a szabadkőműves kapcsolatot. Jason sírva **tagadott meg minden esküt**, eltörte a gyűrűt, és három órán át szabadulást élt át. Azon az éjszakán, évek óta először, békében aludt.

A vallomása?

"A titkos oltárokkal nem lehet viccelődni. Beszélnek – amíg be nem hallgattatod őket Jézus nevében."

A TESTVÉRISÉG GLOBÁLIS Hálója

- **Európa** – A szabadkőművesség mélyen beágyazódott az üzleti életbe, a politikába és az egyházi felekezetekbe.
- **Afrika** – Illuminátusok és titkos rendek, amelyek lelkekért cserébe gazdagságot kínálnak; egyetemi szekták.
- **Latin-Amerika** – jezsuita beszivárgás és szabadkőműves szertartások keverednek a katolikus miszticizmussal.
- **Ázsia** – Ősi misztériumiskolák, generációs eskühöz kötött templomi papság.
- **Észak-Amerika** – Eastern Star, Scottish Rite, olyan testvériségek, mint a Skull & Bones, a Bohemian Grove elite.

Ezek a kultuszok gyakran „Istenre" hivatkoznak, de nem a **Biblia Istenére** – a **Nagy Építészre , egy személytelen erőre, amely a luciferi fényhez** kötődik

Jelek, hogy érintett vagy

- Krónikus betegség, amit az orvosok nem tudnak megmagyarázni.
- Az előmeneteltől való félelem vagy a családi rendszerektől való elszakadástól való félelem.
- Köntösökről, rituálékról, titkos ajtókról, páholyokról vagy furcsa szertartásokról szóló álmok.
- Depresszió vagy őrület a férfi vonalon.
- Meddőséggel, bántalmazással vagy félelemmel küzdő nők.

Megvalósítási Akcióterv

1. **Mondj le minden ismert esküről – különösen, ha te vagy a családod a szabadkőművességhez,** a rózsakeresztesekhez , a Keleti

Csillaghoz, a Kabbalához vagy bármilyen „testvériséghez" tartoztál.
2. **lépj át minden fokozatot** – a beiratkozott tanonctól a 33. fokozatig.
3. **Semmisíts meg minden szimbólumot** – gyűrűket, kötényeket, könyveket, medálokat, okleveleket stb.
4. **Zárd be a kaput** – lelkileg és jogilag is imádság és kijelentés által.

Használd ezeket az írásokat:

- Ézsaiás 28:18 — „A halállal kötött szövetségetek érvénytelenné válik."
- Galata 3:13 – „Krisztus váltott meg minket a törvény átkától."
- Ezékiel 13:20–23 – „Leszaggatom fátylatokat, és kiszabadítom népemet."

Csoportos jelentkezés

- Kérdezd meg, hogy bármelyik tagnak voltak-e szülei vagy nagyszülei titkos társaságokban.
- Vezess egy **vezetett lemondást** a szabadkőművesség minden fokozatán keresztül (erre nyomtatott forgatókönyvet is készíthetsz).
- Használj szimbolikus cselekedeteket – égess el egy régi gyűrűt, vagy rajzolj keresztet a homlokodra, hogy semmissé tedd a rituálék során megnyíló „harmadik szemet".
- Imádkozz az elmékért, a nyakakért és a hátakért – ezek a fogság gyakori helyei.

Kulcsfontosságú információk
Krisztus vére nélküli testvériség a szolgaság testvérisége.
Választanod kell: szövetséget kötsz az emberrel, vagy szövetséget Istennel.
Reflection Journal

- Volt-e a családomban valaki, aki szabadkőművességben, misztikmusban vagy titkos eskütételekben vett részt?
- Tudtomon kívül elszavaltam vagy utánoztam titkos társaságokhoz kapcsolódó fogadalmakat, hitvallásokat vagy szimbólumokat?

- Hajlandó vagyok-e megszegni a családi hagyományokat, hogy teljes mértékben Isten szövetségében járjak?

Lemondó ima

Atyám, Jézus nevében megtagadok minden szövetséget, esküt vagy rituálét, amely a szabadkőművességhez, a kabbalához vagy bármilyen titkos társasághoz kapcsolódik – az életemben vagy a vérvonalamban. Megszegek minden fokozatot, minden hazugságot, minden démoni jogot, amelyet szertartásokon vagy szimbólumokon keresztül adtak meg nekem. Kijelentem, hogy Jézus Krisztus az egyetlen Fényem, egyetlen Építészem és egyetlen Uram. Most szabadságot kapok, Jézus nevében. Ámen.

35. NAP: BOSZORKÁNYOK A PADOKBAN – AMIKOR A GONOSZ BEHAT BELE A TEMPLOM AJTAJÁN

„**M**ert az ilyenek hamis apostolok, álnok munkások, akik Krisztus apostolainak adják ki magukat. Nem is csoda, hiszen maga a Sátán is világosság angyalának álcázza magát." – 2Korinthus 11:13–14

„Ismerem tetteidet, szeretetedet és hitedet... Mindazonáltal az a panaszom ellened, hogy eltűröd azt az asszonyt, Jezabelt, aki prófétanőnek mondja magát..." – Jelenések 2:19–20

A legveszélyesebb boszorkány nem az, aki éjszaka repül,

hanem az, aki **melletted ül a templomban**.

Nem viselnek fekete köntöst és nem lovagolnak seprűnyélen.

Imádkozó összejöveteleket vezetnek. Dicsőítő csoportokban énekelnek. Nyelveken prófétálnak. Gyülekezeteket pásztorolnak. És mégis... **a sötétség hordozói**.

Vannak, akik pontosan tudják, mit csinálnak – spirituális bérgyilkosként küldték őket.

Mások ősi boszorkányság vagy lázadás áldozatai, tisztátalan ajándékokkal **működve**.

A templom mint fedőlap — „Miriam" története

Miriam népszerű szabadító lelkész volt egy nagy nyugat-afrikai gyülekezetben. Hangja parancsolta a démonoknak, hogy meneküljenek. Az emberek nemzeteken át utaztak, hogy felkenjék őket általa.

Miriamnak azonban volt egy titka: éjszakánként elhagyta a testét. Látta a gyülekezet tagjainak otthonait, gyengeségeiket és vérvonalaikat. Azt gondolta, hogy ez a „prófétai" jel.

Ereje nőtt. De a gyötrelmei is.

Hangokat kezdett hallani. Nem tudott aludni. Megtámadták a gyermekeit. A férje elhagyta.

Végül bevallotta: gyerekkorában a nagymamája, egy hatalmas boszorkány „aktiválta", aki elátkozott takarók alatt altatta.

„*Azt hittem, hogy betöltek a Szentlélek. Lélek volt... de nem szent.*" Megszabadulást élt át. De a harc soha nem állt meg. Azt mondja:
„*Ha nem gyóntam volna meg, egy oltár tűzén haltam volna meg... egy templomban.*"

A rejtett boszorkányság globális helyzete az egyházban

- **Afrika** – Lelki irigység. Próféták jóslást, rituálékat és vízi szellemeket használnak. Sok oltár valójában portál.
- **Európa** – Pszichikus médiumok, akik „spirituális tanácsadóknak" álcázzák magukat. Boszorkányság, amelyet újkoros kereszténységbe burkoltak.
- **Ázsia** – Templomi papnők lépnek be a templomokba, hogy átkokat helyezzenek el és asztrális monitoron keresztül térítsék meg az embereket.
- **Latin-Amerika** – Santería – gyakorló „pásztorok", akik a szabadulást hirdetik, de éjszaka csirkéket áldoznak fel.
- **Észak-Amerika** – Keresztény boszorkányok, akik „Jézust és tarotot" követelnek, energiagyógyítók templomok színpadain, és lelkészek, akik szabadkőműves szertartásokban vesznek részt.

A boszorkányság jelei a templomban

- Nehéz hangulat vagy zűrzavar az istentisztelet alatt.
- Kígyókról, szexről vagy állatokról szóló álmok a szertartások után.
- A vezetőség hirtelen bűnbe vagy botrányba esik.
- „Próféciák", amelyek manipulálnak, csábítanak vagy megszégyenítenek.
- Bárki, aki azt mondja: „Isten azt mondta nekem, hogy te vagy a férjem/feleségem."
- Furcsa tárgyakat találtak a szószék vagy az oltárok közelében.

MEGVALÓSÍTÁSI AKCIÓTERV

1. **Imádkozz tisztánlátásért** — Kérd a Szentlelket, hogy mutassa meg, vannak-e rejtett boszorkányok a közösségedben.
2. **Vizsgálj meg minden lelket** – még akkor is, ha lelkinek hangzanak (1János 4:1).
3. **Szakítsd el a lelki kötelékeket** – Ha imádkoztak érted, megjövendöltek neked, vagy megérintett egy tisztátalan személy, **mondj le róla**.
4. **Imádkozz a gyülekezetedért** – Hirdesd Isten tüzét, hogy leleplezzen minden rejtett oltárt, titkos bűnt és lelki piócát.
5. **Ha áldozat vagy** – Kérj segítséget. Ne maradj csendben, és ne maradj egyedül.

Csoportos jelentkezés

- Kérdezd meg a csoport tagjaitól: Éreztétek már valaha kellemetlenül magatokat vagy lelkileg sértettnek éreztétek magatokat egy istentiszteleten?
- Vezess **közös tisztító imát** a közösségért.
- Kenj fel minden embert, és hirdess **lelki tűzfalat** az elmék, az oltárok és az ajándékok köré.
- Tanítsd meg a vezetőket, hogyan **szűrjék ki az adottságokat** és **teszteljék a lelkeket,** mielőtt látható szerepeket töltenének be.

Kulcsfontosságú információk
Nem mindenki az Úrtól van, aki azt mondja: „Uram, Uram".
Az egyház a lelki szennyeződés **elsődleges csatatere** – de a gyógyulás helye is, ha az igazságot fenntartják.
Reflection Journal

- Kaptam-e imát, segítséget vagy mentorálást valakitől, akinek az élete szentségtelen gyümölcsöt termett?

- Voltak olyan időszakok, amikor a templom után „kicsit" rosszul éreztem magam, de mégis foglalkoztam vele?
- Hajlandó vagyok szembenézni a boszorkánysággal, még akkor is, ha öltönyt visel vagy énekel a színpadon?

A leleplezés és a szabadság imája
Uram Jézus, köszönöm Neked, hogy Te vagy az igazi Világosság. Most kérlek, leplezd le a sötétség minden rejtett ügynökét, amely az életemben és a közösségemben működik. Megtagadok minden szentségtelen tanítást, hamis próféciát vagy lelki köteléket, amit spirituális szélhámosoktól kaptam. Tisztíts meg engem véreddel. Tisztítsd meg ajándékaimat. Őrizd kapuimat. Égess el minden hamis lelket szent tüzeddel. Jézus nevében. Ámen.

36. NAP: KÓDOLT VARÁZSLATOK – AMIKOR A DALOK, A DIVAT ÉS A FILMEK PORTÁLOKKÁ VÁLNAK

„**N**e vegyetek részt a sötétség gyümölcstelen cselekedeteiben, hanem inkább leplezzétek le azokat." – Efézus 5:11

„Ne legyetek közömbösek istentelen mondákhoz és vénasszonyok meséihez, hanem gyakoroljátok magatokat az istenfélelemre." – 1Timóteus 4:7

Nem minden csata kezdődik véráldozattal. Vannak, amelyek egy **ütemmel** kezdődnek. Egy dallammal.

Egy fülbemászó dalszöveggel, ami bevésődik a lelkedbe. Vagy egy **szimbólummal** a ruhádon, amit „menőnek" gondoltál.

Vagy egy „ártalmatlan" műsorral, amivel morgolódsz, miközben démonok mosolyognak az árnyékban.

A mai hiper-összekapcsolt világban a boszorkányság **kódolva van** – a média, a zene, a filmek és a divat **szem elől** rejtőzik.

Elsötétült hangzás – Valódi történet: „A fejhallgató"

A 17 éves Elijah az Egyesült Államokban pánikrohamokkal, álmatlan éjszakákkal és démoni álmokkal küzdött. Keresztény szülei stressznek gondolták.

De egy szabadulási ülés során a Szentlélek arra utasította a csapatot, hogy kérdezzenek rá a **zenéjére**.

Bevallotta: „Trap metalt hallgatok. Tudom, hogy sötét... de segít abban, hogy erőteljesnek érezzem magam."

Amikor a csapat imádság közben eljátszotta az egyik kedvenc dalát, valami **megnyilvánulás** történt.

éneksávokkal kódolták. A visszafelé maszkolás olyan kifejezéseket tárt fel, mint az „add alá a lelked" és a „Lucifer beszél".

Miután Illés letörölte a zenét, megbánta bűneit és felhagyott a kapcsolattal, visszatért a béke.

A háború belépett a **fülébe**.

Globális programozási minták

- **Afrika** – Pénzrituálékhoz kötött afrobeat dalok; dalszövegekben rejtett „juju" utalások; divatmárkák tengeri királyság szimbólumaival.
- **Ázsia** – K-pop tudatalatti szexuális és szellemeket közvetítő üzenetekkel; sintoista démonok ismeretével átitatott anime karakterek.
- **Latin-Amerika** – Reggaeton, Santería -énekekkel és visszafelé kódolt varázslatokkal.
- **Európa** – Divatházak (Gucci, Balenciaga) sátáni képeket és rituálékat építenek be a kifutókultúrába.
- **Észak-Amerika** – boszorkánysággal kódolt hollywoodi filmek (Marvel, horror, „fény kontra sötétség" filmek); rajzfilmek, amelyek szórakoztató módon használják a varázslatokat.

Common Entry Portals (and Their Spirit Assignments)

Media Type	Portal	Demonic Assignment
Music	Beats/samples from rituals	Torment, violence, rebellion
TV Series	Magic, lust, murder glorification	Desensitization, soul dulling
Fashion	Symbols (serpent, eye, goat, triangles)	Identity confusion, spiritual binding
Video Games	Sorcery, blood rites, avatars	Astral transfer, addiction, occult alignment
Social Media	Trends on "manifestation," crystals, spells	Sorcery normalization

AKCIÓTERV – FELISMERÉS, Méregtelenítés, Védekezés

1. **Ellenőrizd a lejátszási listádat, a ruhatáradat és a megtekintési előzményeidet**. Keress okkult, buja, lázadó vagy erőszakos tartalmakat.
2. **Kérd a Szentlelket, hogy leplezze le** minden szentségtelen befolyást.
3. **Törölj és semmisíts meg**. Ne add el és ne adományozd. Égess el vagy dobj a kukába bármit, ami démoni – legyen az fizikai vagy digitális.
4. **Kend meg eszközeidet**, szobádat és füleidet. Mondd ki, hogy megszenteltek Isten dicsőségére.
5. **Cseréld le igazsággal**: Istentiszteleti zene, istenfélő filmek, könyvek és szentírási olvasmányok, amelyek megújítják az elméd.

Csoportos jelentkezés

- Vezesd a résztvevőket egy „médialeltárban". Mindenki írjon le olyan műsorokat, dalokat vagy tárgyakat, amelyekről azt gyanítja, hogy portálok lehetnek.
- Imádkozzatok telefonok és fejhallgatók felett. Kenjétek fel őket.
- Tartsatok csoportos „méregtelenítő böjtöt" – 3-7 napot világi média nélkül. Kizárólag Isten Igéjével, imádattal és közösséggel táplálkozzatok.
- A következő ülésen tanúsítsd az eredményeket.

Kulcsfontosságú információk

A démonoknak már nincs szükségük szentélyre ahhoz, hogy belépjenek a házadba. Csak a beleegyezésedre van szükségük a lejátszás megnyomásához.

Reflection Journal

- Mit láttam, hallottam vagy viseltem, ami talán nyitott ajtó lehet az elnyomás felé?
- Hajlandó vagyok lemondani arról, ami szórakoztat, ha az rabszolgasorba taszít?
- Normalizáltam-e a lázadást, a vágyat, az erőszakot vagy a gúnyt a

„művészet" nevében?

A MEGTISZTULÁS IMÁJA

Uram Jézus, teljes lelki méregtelenítést kérek Hozzád. Fedj fel minden kódolt varázslatot, amit a zene, a divat, a játékok vagy a média által engedtem az életembe. Megbánom, hogy olyasmit nézek, viselek és hallgatok, ami gyalázatot hoz Téged. Ma elvágom a lelki kötelékeimet. Kiűzök minden lázadó, boszorkánysági, vágy-, zavarodottsági vagy gyötrelmes szellemet. Tisztítsd meg szemeimet, füleimet és szívemet. Most már egyedül Neked ajánlom testemet, médiámat és döntéseimet. Jézus nevében. Ámen.

37. NAP: A HATALOM LÁTHATATLAN OLTÁRAI — SZABADKŐMŰVESEK, KABBALA ÉS OKKULT ELITEK

„Ismét magával vitte őt az ördög egy igen magas hegyre, megmutatta neki a világ minden országát és azok dicsőségét. És monda néki: Mindezt neked adom, ha leborulva imádsz engem." – Máté 4:8–9

„Nem ihatjátok az Úr poharát is, meg az ördögök poharát is; nem lehettek részetek egyszerre az Úr asztalához és az ördögök asztalához." – 1Korinthus 10:21

Nem barlangokban, hanem tárgyalótermekben rejtett oltárok vannak.

Szellemek nemcsak a dzsungelekben – hanem kormányzati épületekben, pénzügyi tornyokban, Ivy League könyvtárakban és „templomoknak" álcázott szentélyekben is.

elit okkultizmus birodalmában :

szabadkőművesek, rózsakeresztesek , kabbalisták , jezsuita rendek, keleti csillagok és rejtett luciferi papságok, akik **rituálék, titkolózás és szimbólumok mögé rejtik Sátán iránti odaadásukat** . Isteneik az ész, a hatalom és az ősi tudás – de **lelkük a sötétségnek van szentelve** .

Látványos rejtekhelyen

- A **szabadkőművesség** építők testvériségének álcázza magát – magasabb fokozatai mégis démoni entitásokat idéznek meg, halálos esküt tesznek, és Lucifert „fényhordozóként" magasztalják.
- A **kabbala** misztikus hozzáférést ígér Istenhez – de Jahvét finoman kozmikus energiatérképekkel és numerológiával helyettesíti.
- A **jezsuita miszticizmus** , korrupt formáiban, gyakran ötvözi a katolikus képi világot a spirituális manipulációval és a világrendszerek feletti uralommal.

- **Hollywood, a divat, a pénzügyek és a politika** mind kódolt üzeneteket, szimbólumokat és **nyilvános rituálékat hordoz, amelyek valójában Lucifer imádata**.

Nem kell hírességnek lenned ahhoz, hogy érintve legyél. Ezek a rendszerek a következőkön keresztül **szennyezik be a nemzeteket** :

- Médiaprogramozás
- Oktatási rendszerek
- Vallási kompromisszum
- Pénzügyi függőség
- „Beavatásoknak", „fogadalomnak" vagy „márkaszerződéseknek" álcázott rituálék

Igaz történet – „A páholy tönkretette a családfámat"
Solomon (név megváltoztatva), egy sikeres brit üzleti mágnás, kapcsolatépítés céljából csatlakozott egy szabadkőműves páholyhoz. Gyorsan felemelkedett, vagyonra és presztízsre tett szert. De rémisztő rémálmai is kezdődtek – köpenyes férfiak idézték meg, véresküdtek, sötét állatok üldözték. Lánya vagdogatni kezdte magát, azt állítva, hogy egy „jelenlét" késztette erre.
Egyik este meglátott egy férfit a szobájában – félig embert, félig sakált –, aki azt mondta neki: *„Enyém vagy. Kifizettem az árát."* Egy szabadító szolgálathoz fordult. **Hét hónapnyi lemondás, böjt, hányási rituálék és minden okkult kötelék lecserélése kellett** – mire elérkezett a béke.
Később rájött: **a nagyapja 33. fokozatú kőműves volt. Csak tudtán kívül folytatta az örökséget.**
Globális elérhetőség

- **Afrika** – Titkos társaságok törzsi uralkodók, bírák, lelkészek között – véresküvel hűséget fogadnak a hatalomért cserébe.
- **Európa** – Máltai Lovagrend, illuminátus páholyok és elit ezoterikus egyetemek.
- **Észak-Amerika** – Szabadkőműves alapítványok a legtöbb alapító okirat, bírósági struktúra és még egyházak alatt is.
- **Ázsia** – Rejtett sárkánykultuszok, ősi rendek és a buddhizmus-

sámánizmus hibridjeiben gyökerező politikai csoportok.
- **Latin-Amerika** – Szinkretikus kultuszok, amelyek katolikus szenteket kevernek luciferi szellemekkel, mint például Santa Muerte vagy Baphomet.

Akcióterv – Szökés az elit oltároktól

1. **Mondj le** mindenféle részvételről a szabadkőművességben, az Eastern Starban, a jezsuita eskükben, a gnosztikus könyvekben vagy misztikus rendszerekben – még ezek „akadémiai" tanulmányozásáról is.
2. **Semmisítsd meg** a díszruhákat, gyűrűket, kitűzőket, könyveket, kötényeket, fényképeket és szimbólumokat.
3. **Törd meg a szóbeli átkokat** – különösen a halálos esküt és a beavatási fogadalmat. Használd Ézsaiás 28:18-at („A halállal kötött szövetséged érvénytelenné válik...").
4. **Böjtölj 3 napig,** miközben Ezékiel 8., Ézsaiás 47. és Jelenések 17. fejezetét olvasod.
5. **Cseréld ki az oltárt**: Szenteld újra magad egyedül Krisztus oltárának (Róma 12:1–2). Úrvacsora. Istentisztelet. Kenet.

Nem lehetsz egyszerre a mennyei udvarban és Lucifer udvarában. Válaszd ki az oltárodat.

Csoportos jelentkezés

- Térképezd fel a régiódban található gyakori elit szervezeteket – és imádkozz közvetlenül a spirituális befolyásuk ellen.
- Tarts egy ülést, ahol a tagok bizalmasan bevallhatják, ha családjuk szabadkőművességben vagy hasonló szektákban vett részt.
- Hozz olajat és áldozást – vezess tömeges lemondást az eskükről, rituálékról és a titokban tett pecsétekről.
- Törd meg a büszkeséget – emlékeztesd a csoportot: **Nincs olyan hozzáférés, ami megérné a lelkedet.**

Kulcsfontosságú információk

A titkos társaságok világosságot ígérnek. De csak Jézus a világ világossága. Minden más oltár vért követel – de nem tud megmenteni.

Reflection Journal

- Volt-e valaki a vérvonalamban, aki titkos társaságokban vagy „rendekben" vett részt?
- Olvastam vagy birtokoltam már tudományos szövegeknek álcázott okkult könyveket?
- Milyen szimbólumok (pentagramok, mindent látó szemek, napok, kígyók, piramisok) rejtőznek a ruháimban, a művészeti alkotásaimban vagy az ékszereimben?

Lemondó ima

Atyám, megtagadok minden titkos társaságot, páholyt, esküt, rituálét vagy oltárt, amely nem Jézus Krisztuson alapul. Megszegem atyáim szövetségeit, vérvonalamat és saját számat. Elutasítom a szabadkőművességet, a kabbalát, a miszticizmust és minden titkos hatalmi paktumot. Lerombolok minden szimbólumot, minden pecsétet és minden hazugságot, amely világosságot ígért, de rabságot hozott. Jézus, ismét trónra emellek Téged, mint egyetlen Mesteremet. Világosítsd be fényed minden titkos helyre. A te nevedben szabadon járok. Ámen.

38. NAP: MÉHBELI SZÖVETSÉGEK ÉS VÍZI KIRÁLYSÁGOK – AMIKOR A SORSOT A SZÜLETÉS ELŐTT BESZENNYEZŐDIK

„A *gonoszok már anyjuk méhétől fogva elidegenedtek, születésüktől fogva tévelyegnek, hazugságokat beszélve."* – Zsoltárok 58:3

„Mielőtt megformáltalak az anyaméhben, ismertelek, mielőtt a világra jöttél volna, elkülönítettelek..." – Jeremiás 1:5

Mi lenne, ha a csatáid, amiket vívsz, nem a döntéseiddel kezdődnének – hanem a koncepcióddal?

Mi lenne, ha a nevedet sötét helyeken mondanák ki, miközben még az anyaméhben voltál?

Mi lenne, ha **a személyazonosságod kicserélődne**, **a sorsod eladnák**, **a lelked megjelölésre kerülne** – mielőtt először lélegzetet vennél?

Ez a valóság a **víz alatti beavatások**, **a tengeri szellemi szövetségek** és **az okkult méh-állítások terén,** amelyek **generációkat kötnek össze**, különösen a mély ősi és tengerparti rituálékkal rendelkező régiókban.

A Víz Királysága — Sátán trónja lent

A láthatatlan birodalomban Sátán **nemcsak a levegőt uralja. A tengeri világot** is kormányozza – egy hatalmas démoni hálózatot, amelyben szellemek, oltárok és rituálék laknak az óceánok, folyók és tavak alatt.

A tengeri szellemek (közismert nevén *Mami Wata*, *a Part Királynője*, *szellemfeleségek/férjek* stb.) a következőkért felelősek:

- Korai halál
- Meddőség és vetélések
- Szexuális kötelék és álmok
- Mentális gyötrelem

- Újszülöttek bántalmai
- Üzleti felemelkedési és összeomlási minták

De hogyan szereznek **jogi alapot ezek a szellemek** ?
Az anyaméhben.
Láthatatlan beavatások születés előtt

- **Ősi felajánlások** – Egy gyermek „megígért" egy istenségnek, ha egészségesen születik.
- **Okkult papnők** érintik meg a méhet terhesség alatt.
- Család által adott **szövetségi nevek – tudtukon kívül tengeri királynők vagy szellemek tiszteletére.**
- Folyóvízzel, talizmánokkal vagy szentélyekből származó gyógynövényekkel végzett **születési rituálék** .
- **Köldökzsinórral** történő temetés ráolvasásokkal.
- **Terhesség okkult környezetben** (pl. szabadkőműves páholyok, new age központok, poligám szekták).

Vannak gyerekek, akik már eleve rabszolgaként születnek. Ezért sikoltoznak hevesen születésükkor – a lelkük sötétséget érez.
Valódi történet – „A babám a folyóhoz tartozott"
A Sierra Leone-i Jessica öt éve próbálkozott teherbe esni. Végül teherbe esett, miután egy „próféta" adott neki egy szappant fürdetésre és egy olajat, hogy bedörzsölje a méhét. A baba erősen született – de 3 hónapos korára megállás nélkül sírni kezdett, mindig éjszaka. Utálta a vizet, fürdés közben sikoltozott, és fékezhetetlenül remegett, ha a folyó közelébe vitték.

Egy nap a fia görcsöket kapott és 4 percig halt. **9 hóaposan magához tért, és már teljes szavakkal beszélt** : „Nem ide tartozom. A királynőhöz tartozom."

Jessica rémülten kereste a szabadulást. A gyermeket csak 14 nap böjt és lemondó imák után engedték szabadon – férjének el kellett pusztítania egy családi bálványt, amelyet a falujában rejtettek el, mielőtt a gyötrelmek véget értek volna.

A babák nem üres fejjel születnek. Olyan csatákba születnek, amelyeket meg kell vívnunk értük.

GLOBÁLIS PÁRHUZAMOSOK

- **Afrika** – Folyóparti oltárok, Mami Wata felszentelések, méhlepényes rituálék.
- **Ázsia** – Buddhista vagy animista születések során megidézett vízi szellemek.
- **Európa** – druida bábaszövetségek, ősi vízrítusok, szabadkőműves felszentelések.
- **Latin-Amerika** – Santeria elnevezések, folyók szellemei (pl. Oshun), születés az asztrológiai képletek szerint.
- **Észak-Amerika** – New age szülési rituálék, hipno-szülés szellemi vezetőkkel, médiumok által végzett „áldásszertartások".

A méh által kezdeményezett kötözés jelei

- Ismétlődő vetélési minták generációkon át
- Éjszakai rémületek csecsemőknél és gyermekeknél
- Megmagyarázhatatlan meddőség az orvosi engedély ellenére
- Állandó vízálmok (óceánok, árvizek, úszás, sellők)
- Irracionális félelem a víztől vagy a fulladástól
- „Elfoglaltnak" érzés – mintha valami születése óta figyelne

Akcióterv – Törje meg az anyaméh szövetségét

1. **Kérd a Szentlelket,** hogy mutassa meg, hogy te (vagy a gyermeked) méhrituálékon keresztül kaptál-e beavatást.
2. **Mondj le** minden olyan szövetségről, amit a terhesség alatt kötöttél – tudatosan vagy tudattalanul.
3. **Imádkozz a saját születéstörténetedért** – még ha édesanyád nem is elérhető, szólj hozzá, mint életed törvényes, spirituális kapuőr.
4. **Böjtölj az Ézsaiás 49. fejezetével és a 139. zsoltárral** – hogy visszaszerezd isteni tervrajzodat.
5. **Ha terhes vagy** : Kend be a hasadat, és beszélj naponta a születendő

gyermeked felett:

„Az Úrnak vagytok elkülönítve. Semmilyen víz, vér vagy sötétség lelke nem birtokolhat titeket. Jézus Krisztushoz tartoztok – testben, lélekben és szellemben."

Csoportos jelentkezés

- Kérd meg a résztvevőket, hogy írják le, mit tudnak a születési történetükről – beleértve a rituálékat, a bábákat vagy a névadási eseményeket.
- Bátorítsd a szülőket, hogy újból szenteljék fel gyermekeiket egy „Krisztus-központú névadási és szövetségi istentisztelet" keretében.
- Vezess imákat a vízszövetségek megszegésével *az Ézsaiás 28:18* , *a Kolossé 2:14* és *a Jelenések 12:11 felhasználásával* .

Kulcsfontosságú információk
Az anyaméh egy kapu – és ami áthalad rajta, gyakran lelki teherrel érkezik. De egyetlen anyaméh-oltár sem nagyobb a keresztnél.

Reflection Journal

- Voltak-e bármilyen tárgy, olaj, talizmán vagy név a fogantatásomhoz vagy a születésemhez kapcsolódóan?
- Átélek-e olyan lelki támadásokat, amelyek gyermekkoromban kezdődtek?
- Tudtomon kívül átadtam-e a tengeri szövetségeket a gyermekeimnek?

A megszabadulás imája
Mennyei Atyám, Te ismertél engem, mielőtt megformálódtam. Ma megszegek minden rejtett szövetséget, vízrituálét és démoni felajánlást, amit a születésem előtt vagy azt megelőzően tettem. Elutasítok minden tengeri szellemekre, ismerős szellemekre vagy generációs méholtárokra vonatkozó állítást. Hadd írja át Jézus vére a születéstörténetemet és gyermekeim történetét. A Lélektől születtem – nem a vízoltároktól. Jézus nevében. Ámen.

39. NAP: VÍZKERESZTELTSÉG A RABASÁGBA – HOGYAN NYITJÁK MEG AZ AJTÓKAT A CSECSEMŐK, A KEZDETBETŰK ÉS A LÁTHATATLAN SZÖVETSÉGEK

„**Á**rtatlan vért ontottak, fiaik és leányaik vérét, akiket Kánaán bálványainak áldoztak, és vérükkel meggyalázták a földet." – Zsoltárok 106:38

„Elvehetnek-e zsákmányt a vitézektől, vagy megmenthetik-e a foglyokat a vadaktól?" Hanem ezt mondja az Úr: „Igen, a vitézektől vétetik a foglyok, és a vadaktól visszaszerzik a zsákmányt..." – Ézsaiás 49:24–25

Sok sors nemcsak **kisiklott felnőttkorban** – már **csecsemőkorban eltérítették**.

Az a látszólag ártatlan névadó szertartás...

Az a laza mártogatás a folyóvízben, hogy „megáldjuk a gyermeket"...

Az érme a kézben... A vágás a nyelv alatt... Az olaj egy „spirituális nagymamától"... Még a születéskor adott kezdőbetűk is...

Mindannyian kulturálisnak, hagyományosnak és ártalmatlannak tűnhetnek.

De a sötétség birodalma **a hagyományokban rejtőzik**, **és sok gyermek titokban beavatást** kapott, mielőtt valaha is kimondhatták volna a „Jézus" nevet.

Valódi történet – „A folyó nevezett el"

Haitin egy Malick nevű fiú furcsa félelemmel nőtt fel a folyóktól és a viharoktól. Kisgyermekként a nagymamája elvitte egy patakhoz, hogy „bemutassa a szellemeknek" védelmet nyújtva. 7 éves korára kezdett hangokat hallani. 10 évesen éjszakai látogatásai voltak. 14 éves korára öngyilkosságot kísérelt meg, miután mindig egy „jelenlétet" érzett maga mellett. Egy szabadulási összejövetelen a démonok hevesen megnyilvánultak, és ezt kiáltották: „Beléptünk a folyónál! Név szerint szólítottak minket!" A neve, „ Malick ", egy spirituális névadási hagyomány része volt, hogy „tiszteletre vezessék a folyó királynőjét". Amíg Krisztusban át nem nevezték, a gyötrelmek folytatódtak. Most a szabadításban szolgál az ősi felszentelésekbe keveredett fiatalok között.

Hogyan történik — A rejtett csapdák

1. **Monogramok, mint szövetségek**
   Néhány monogram, különösen az ősök nevéhez, családi istenekhez vagy vízistenekhez kapcsolódóak (pl. „MM" = Mami/ Tengerészgyalogos; „OL" = Oya/Orisha leszármazási vonal), démoni aláírásként működnek.
2. **Csecsemők mártogatása folyókban/patakokban**
   „védelem" vagy „megtisztulás" céljából, ezek gyakran **tengeri szellemekbe való keresztelések** .
3. **Titkos névadó szertartások,**
   ahol egy másik nevet (a nyilvánostól eltérőt) suttognak vagy mondanak ki egy oltár vagy szentély előtt.
4. **Anyajegy-rituálék**
   Olajok, hamu vagy vér homlokra vagy végtagokra helyezése, hogy „megjelöljék" a gyermeket a szellemek számára.
5. **Vízzel táplált köldökzsinórtemetések**
   A köldökzsinórokat folyókba, patakokba ejtették, vagy vízi varázsigékkel temették el – így a gyermeket vízoltárokhoz kötötték.

Ha a szüleid nem kötöttek szövetséget Krisztussal, valószínűleg valaki más igényelt téged.

Globális okkult méhkötési gyakorlatok

- **Afrika** – Csecsemők elnevezése folyóistenségekről, zsinórok eltemetése tengeri oltárok közelében.
- **Karib-térség/Latin-Amerika** – Santeria keresztelői rituálék, joruba

stílusú felszentelések gyógynövényekkel és folyami tárgyakkal.
- **Ázsia** – Gangesz vizével kapcsolatos hindu rituálék, asztrológiailag kiszámított elnevezések, amelyek az elemi szellemekhez kapcsolódnak.
- **Európa** – Druida vagy ezoterikus névadási hagyományok, amelyek erdő/víz őrzőit idézik.
- **Észak-Amerika** – Őslakos rituális felszentelések, modern Wicca babaáldások, újkori névadó szertartások „ősi vezetők" megidézésével.

Honnan tudom?

- Megmagyarázhatatlan koragyermekkori gyötrelmek, betegségek vagy „képzeletbeli barátok"
- Álmok folyókról, sellőkről, víz kergetéséről
- Ideges vagyok a templomoktól, de lenyűgöz a misztikus dolgok
- A születéstől fogva „követett" vagy figyelt személy mély érzése
- Egy második név vagy ismeretlen szertartás felfedezése, amely a csecsemőkorodhoz kapcsolódik

Akcióterv – A csecsemőkor megváltása

1. **Kérdezd meg a Szentlelket** : Mi történt, amikor megszülettem? Milyen lelki kezek érintettek meg?
2. **Mondj le minden rejtett elkötelezettségről** , még akkor is, ha azt tudatlanságból teszed: „Elutasítok minden olyan szövetséget, amelyet nem az Úr Jézus Krisztussal kötöttek, hanem az én nevemben kötöttem."
3. **Szakítsd meg a kötelékeket az ősi nevekhez, kezdőbetűkhöz és zsetonokhoz** .
4. **Használd az Ézsaiás 49:24–26, a Kolossé 2:14 és a 2Korinthus 5:17 verseit** a Krisztusban való azonosság kijelentéséhez.
5. Szükség esetén **tarts újraszentelési szertartást** – mutasd be magad (vagy gyermekeidet) újra Istennek, és ha vezetik, jelents ki új neveket.

CSOPORTOS JELENTKEZÉS

- Kérd meg a résztvevőket, hogy kutassák fel a nevükhöz kapcsolódó történetet.
- Teremts teret a spirituális átnevezéshez, ha erre vezetnek – engedd meg az embereknek, hogy olyan neveket válasszanak, mint „Dávid", „Eszter", vagy szellem által vezetett identitást.
- Vezesd a csoportot egy szimbolikus, odaadást jelentő *újbóli keresztségben* – nem vízbe merítésben, hanem felkenetésben és szó szerinti szövetségben Krisztussal.
- Kérjék meg a szülőket, hogy imádságban szegjék meg gyermekeik feletti szövetségeiket: „Jézushoz tartozol – semmilyen szellemnek, folyónak vagy ősi köteléknek nincs jogi alapja."

Kulcsfontosságú információk

A kezdet számít. De nem kell, hogy meghatározza a végét. Minden folyóigényt megtörhet Jézus vérének folyója.

Reflection Journal

- Milyen neveket vagy kezdőbetűket kaptam, és mit jelentenek?
- Voltak titkos vagy kulturális rituálék a születésemkor, amelyekről le kellene mondanom?
- Valóban az Úr Jézus Krisztusnak szenteltem az életemet – testemet, lelkemet, nevemet és személyazonosságomat?

Megváltás imája

Atyám Istenem, Jézus nevében járulok eléd. Megtagadok minden szövetséget, odaadást és rituálét, amelyet születésemkor tettem. Elutasítok minden névadást, vízbeavatást és ősi igényt. Akár kezdőbetűkön, névadáson vagy rejtett oltárokon keresztül történik – lemondok minden démoni jogról az életemhez. Most kijelentem, hogy teljesen a Tied vagyok. A nevem be van írva az Élet Könyvébe. Múltam Jézus vére által van befedve, személyazonosságomat pedig a Szentlélek pecsételte meg. Ámen.

40. NAP: A SZÁLLÍTOTTÓL A SZÁLLÍTÓIG – A FÁJDALOM A SZENTELÉSED

„D*e az a nép, amely ismeri Istenét, erős lesz, és hőstetteket visz véghez."* – Dániel 11:32

„Akkor bírákat támasztott az Úr, akik megmentették őket a fosztogatók kezéből." – Bírák 2:16

Nem azért szabadítottak meg, hogy csendben ülj a templomban.

Nem azért szabadítottak meg, hogy túlélj. Azért szabadítottak meg , **hogy másokat szabadítsanak meg** .

Ugyanaz a Jézus, aki meggyógyította a megszállottat a Márk 5-ben, visszaküldte őt Dekapoliszba, hogy elmesélje a történetet. Nem volt szeminárium. Nem volt felszentelés. Csak egy **égő bizonyságtétel** és egy lángoló száj.

Te vagy az a férfi. Az a nő. Az a család. Az a nemzet.

A fájdalom, amit elviseltél, most a fegyvered.

A kín, amiből megmenekültél, a trombitád. Ami sötétségben tartott, most az **uralkodásod színpadává válik.**

Valódi történet – Tengerészgyalogos menyasszonytól a szabadító lelkészig

A kameruni Rebecca egy tengeri szellem egykori menyasszonya volt. Nyolcéves korában avatták be egy tengerparti névadó szertartáson. 16 éves korára már álmokban élt szexuális kapcsolatot, szemével irányította a férfiakat, és varázslattal több válást is okozott. „A szép átok" néven ismerték.

Amikor az egyetemen találkozott az evangéliummal, démonai megvadultak. Hat hónapnyi böjt, szabadulás és mély tanítványképzés után szabadult fel.

Ma Afrika-szerte szabadulási konferenciákat tart nők számára. Engedelmességének köszönhetően ezrek szabadultak meg.
Mi lett volna, ha csendben maradt?

Apostoli felemelkedés – Globális szabadítók születnek

- **Afrikában** volt varázslók alapítanak templomokat.
- **Ázsiában** az egykori buddhisták titkos házakban hirdetik Krisztust.
- **Latin-Amerikában** a korábbi santeria papok ma már oltárokat törnek össze.
- **Európában** az egykori okkultisták online vezetnek ismertető bibliatanulmányozásokat.
- **Észak-Amerikában az** új kor megtévesztéseinek túlélői vezetik a szabadulásról szóló heti Zoom-beszélgetéseket.

Ők a **valószínűtlenek**, a megtörtek, a sötétség egykori rabszolgái, akik most a fényben menetelnek – és **te is egy vagy közülük**.

Végső cselekvési terv – Lépjen be a hívásába

1. **Írd meg a vallomásodat** – még akkor is, ha úgy érzed, hogy nem drámai. Valakinek szüksége van a szabadságtörténetedre.
2. **Kezd kicsiben** – Imádkozz egy barátodért. Vezess bibliatanulmányozást. Oszd meg a szabadulási folyamatodat.
3. **Soha ne hagyd abba a tanulást** – A kézbesítők az Igében maradnak, bűnbánatot tartanak és élesek maradnak.
4. **Fedezd be családodat** – Jelentsd ki naponta, hogy a sötétség véget ér veled és gyermekeiddel.
5. **Hirdess ki spirituális háborús övezeteket** – a munkahelyeden, az otthonodban, az utcádon. Légy a kapuőr.

Csoportos üzembe helyezés
A mai nap nem csupán áhítat – ez egy **beiktatási ünnepség**.

- Kenjétek meg egymás fejét olajjal, és ezt mondjátok:

„Megszabadultál, hogy megszabadíts. Kelj fel, Isten bírája!"

- Csoportként hangosan jelentsétek ki:

„Már nem túlélők vagyunk. Harcosok vagyunk. Fényt hordozunk, és a sötétség remeg."

- Jelölj ki imapárokat vagy felelősségi társakat, hogy továbbra is növekedhess a bátorságban és a hatásban.

Kulcsfontosságú információk
A sötétség birodalma elleni legnagyobb bosszú nem pusztán a szabadság. A sokasodás.

Záró reflexiós napló

- Mikor tudtam meg, hogy a sötétségből a fénybe léptem?
- Kinek kell hallania a történetemet?
- Hol kezdhetném el tudatosan a fényt adni ezen a héten?
- Hajlandó vagyok-e a gúnyolódásra, a félreértésre és az ellenállásra – mások szabadságának kedvéért?

A megbízás imája
Atyám Istenem, köszönöm Neked a 40 nap tüzet, szabadságot és igazságot. Nem azért mentettél meg, hogy menedéket adj – azért szabadítottál meg, hogy másokat is megszabadítsak. Ma ezt a palástot kapom. A bizonyságom kard. A sebeim fegyverek. Az imáim kalapácsok. Az engedelmességem imádat. Most Jézus nevében járok – mint tűzgyújtó, szabadító, fényhordozó. Tied vagyok. A sötétségnek nincs helye bennem, és nincs helye körülöttem. Elfoglalom a helyemet. Jézus nevében. Ámen.

360°-OS NAPONTA SZABADULÁS ÉS URALOM KIJELENTÉSE – 1. rész

„*Egyetlen ellened készült fegyver sem lesz sikeres, és minden nyelvet, amely perbe száll ellened, elítélsz. Ez az Úr szolgáinak öröksége...*" – Ézsaiás 54:17

Ma és minden nap elfoglalom teljes helyem Krisztusban – szellemmel, lélekkel és testtel.

Bezárok minden ajtót – ismertet és ismeretlent – a sötétség birodalmába.

Jézus vére által megtörök minden kapcsolatot, szerződést, szövetséget vagy közösséget gonosz oltárokkal, ősi szellemekkel, szellemi házastársakkal, okkult társaságokkal, boszorkánysággal és démoni szövetségekkel!

Kijelentem, hogy nem vagyok eladó. Nem vagyok elérhető. Nem vagyok toborozható. Nem vagyok újraalapítva.

Minden sátáni visszahívás, spirituális megfigyelés vagy gonosz idézés – szórtasson szét tűz, Jézus nevében!

Krisztus elméjéhez, az Atya akaratához és a Szentlélek hangjához kötöm magam.

Világosságban, igazságban, erőben, tisztaságban és céltudatosságban járok.

Bezártam minden harmadik szemet, pszichikai kaput és szentségtelen portált, amelyet álmok, trauma, szex, rituálék, média vagy hamis tanítások nyitottak meg.

Isten tüze emésszen el minden illegális letétet a lelkemben, Jézus nevében.

A levegőhöz, a földhöz, a tengerhez, a csillagokhoz és az éghez szólok – nem fogtok ellenem dolgozni.

Minden rejtett oltár, ügynök, megfigyelő vagy suttogó démon, akit az életem, családom, elhívásom vagy területem ellen rendeltek – fegyverezzen le és hallgattasson el Jézus vére által!

Isten Igéjébe merülök elmémben.

Kijelentem, hogy álmaim megszenteltek. Gondolataim védve vannak. Alvásom szent. Testem tűz temploma.

Ettől a pillanattól kezdve 360 fokos szabadulásban járok – semmi sem rejtve, semmi sem hiányzik.

Minden hosszan tartó kötelék megtörik. Minden generációs iga darabokra hullik. Minden meg nem bánt bűn lelepleződik és megtisztul.

Kijelentem:

- **A sötétségnek nincs hatalma felettem.**
- **Az otthonom egy tűzveszélyes övezet.**
- **Kapuim dicsőségben lepecsételve vannak.**
- **Engedelmességben élek és erőben járok.**

Megváltóként kelek fel generációm számára.

Nem fogok visszanézni. Nem fogok visszafordulni. Fény vagyok. Tűz vagyok. Szabad vagyok. Jézus hatalmas nevében. Ámen!

360°-OS NAPONTA SZABADULÁS ÉS URALOM KIJELENTÉSE – 2. rész

Védelem a boszorkányság, varázslat, nekromanták, médiumok és démoni csatornák ellen

Megszabadulás magad és mások számára a befolyásuk vagy rabságuk alatt

Megtisztítás és befedezés Jézus vére által

A Krisztusban való **épség, identitás és szabadság helyreállítása**

Védelem és szabadság a boszorkányságtól, médiumoktól, nekromantáktól és a spirituális rabságtól

(Jézus vére és a mi bizonyságtételünk igéje által)

„És legyőzték őt a Bárány vére által és bizonyságtételük beszéde által..."
– *Jelenések 12:11*

„Az Úr... meghiúsítja a hamis próféták jeleit, és bolonddá teszi a jövendőmondókat... megerősíti szolgája szavát, és teljesíti követei tanácsát."
– *Ézsaiás 44:25–26*

„Az Úr Lelke van rajtam... hogy szabadulást hirdessek a foglyoknak, és szabadon bocsátást a megkötözötteknek..."
– *Lukács 4:18*

KEZDŐIMÁDSÁG:

Atyám Istenem, bátran jövök ma Jézus vére által. Elismerem a nevedben lévő erőt, és kijelentem, hogy egyedül Te vagy az én szabadítóm és védelmezőm. Szolgádként és tanúként állok, és bátran és hatalommal hirdetem a te Igédet ma.

VÉDELMI ÉS SZABADULÁSI NYILATKOZATOK

1. **Megszabadulás a boszorkányságtól, médiumoktól, nekromantáktól és spirituális befolyástól:**

- Megtörök **és megtagadok** minden átkot, varázslatot, jóslást, bűbájt, manipulációt, megfigyelést, asztrális kivetítést vagy lelki köteléket – kimondott vagy végrehajtott – boszorkányságon, nekromancián, médiumokon vagy spirituális csatornákon keresztül.
- Kijelentem , hogy **Jézus vére** minden tisztátalan lélek ellen van, amely megpróbál megkötözni, elterelni, megtéveszteni vagy manipulálni engem vagy a családomat.
- Parancsolom, hogy **minden lelki beavatkozást, megszállottságot, elnyomást vagy lélekköteléket** most megtörjön a hatalom Jézus Krisztus nevében.
- hirdetek **magamnak és mindenkinek, aki tudatosan vagy tudatlanul boszorkányság vagy hamis fény hatása alatt áll** . Gyertek ki most! Legyetek szabadok, Jézus nevében!
- Isten tüzéhez fordulok, hogy **égessen el minden lelki igát, sátáni szerződést és oltárt,** amelyet lélekben emeltek, hogy rabszolgasorba döntsék vagy csapdába ejtsék sorsunkat.

„Nincs varázslás Jákób ellen, jóslás Izrael ellen." – *4Mózes 23:23*

2. **Az önmagunk, a gyermekek és a család megtisztítása és védelme:**

- Jézus vérét kérem elmémért , **lelkemért, szellememért, testemért, érzelmeimért, családomért, gyermekeimért és munkámért.**
- Kijelentem: Én és az én házam el vagyunk **pecsételve a Szentlélek által, és Krisztussal együtt elrejtve Istenben.**
- Egyetlen ellenünk készült fegyver sem lesz sikeres. Minden nyelv, amely gonoszul szól ellenünk, megítéltetik **és elhallgattattatik** Jézus nevében.
- Megtagadok és kiűzök minden **félelem, gyötrelem, zavarodottság, csábítás vagy irányítás szellemét** .

„Én vagyok az ÚR, aki meghiúsítja a hazugok jelét..." – *Ézsaiás 44:25*

3. Az identitás, a cél és a józan elme helyreállítása:

- Visszaszerzem lelkem és identitásom minden részét, amelyet **eladtak, csapdába ejtettek vagy elloptak** megtévesztés vagy spirituális kompromisszum révén.
- Kijelentem: **Krisztus elméjével rendelkezem**, és világosságban, bölcsességben és tekintélyben járok.
- Kijelentem: Megszabadultam **minden generációs átoktól és házi boszorkányságtól**, és szövetségben járok az Úrral.

„Nem félelem lelkét adott nekem Isten, hanem erő, szeretet és józanság lelkét." – *2Timóteus 1:7*

4. Napi befedezés és győzelem Krisztusban:

- Kijelentem: Ma isteni **védelemben, tisztánlátásban és békében járok**.
- Jézus vére **jobb dolgokat hirdet** nekem – védelmet, gyógyulást, hatalmat és szabadságot.
- Minden erre a napra kitűzött gonosz feladat visszafordíthatatlan. Győzelemben járok és diadalmaskodom Krisztus Jézusban.

„Eleshet el mellőlem ezren, jobb kezem felől tízezren, de hozzám közel nem érhet..." – *Zsoltárok 91:7*

ZÁRÓNYILATKOZAT ÉS TANÚSÍTVÁNY:

„Legyőzök a sötétség, a boszorkányság, a nekromancia, a varázslat, a pszichikai manipuláció, a lélekbecsmérlés és a gonosz szellemi áthelyezés minden formáját – nem az erőm, hanem **Jézus vére és bizonyságtételem Igéje által**."

„Kijelentem: **Megszabadultam. Házam népe megszabadult.** Minden rejtett iga összetört. Minden csapda leleplezödött. Minden hamis fény kialudt. Szabadságban járok. Igazságban járok. A Szentlélek erejében járok."

„Az Úr megerősíti szolgája szavát, és véghezviszi hírnöke tanácsát. Így lesz ez ma és minden napon ezután."

Jézus hatalmas nevében, **Ámen.**

SZENTÍRÁSHIVATKOZÁSOK:

- Ézsaiás 44:24–26
- Jelenések 12:11
- Ézsaiás 54:17
- 91. zsoltár
- Számok 23:23
- Lukács 4:18
- Efézus 6:10–18
- Kolossé 3:3
- 2Timóteus 1:7

360°-OS NAPONTA SZABADULÁS ÉS URALOM KIJELENTÉSE - 3. rész

„**H***adakozó férfi az ÚR, az ÚR a neve.*" – 2Mózes 15:3
„*Legyőzték őt a Bárány vérével és bizonyságtételük szavával...*" – Jelenések 12:11

Ma felkelek és elfoglalom a helyemet Krisztusban – mennyei helyeken ülök, messze felül minden fejedelemségen, hatalmasságon, trónon, uraságon és minden néven, amelyet neveznek.

LEMONDOK

Lemondok minden ismert és ismeretlen szövetségről, esküről vagy beavatásról:

- Szabadkőművesség (1.–33. fokozat)
- Kabbala és zsidó miszticizmus
- Keleti Csillag és Rózsakeresztesek
- Jezsuita rendek és illuminátusok
- Sátáni testvériségek és luciferi szekták
- Tengeri szellemek és tenger alatti szövetségek
- Kundalini kígyók, csakra-összehangolások és harmadik szem aktiválása
- New Age megtévesztés, reiki, keresztény jóga és asztrális utazás
- Boszorkányság, varázslat, nekromancia és asztrális szerződések
- Okkult lelki kötelékek szexből, rituálékból és titkos paktumokból
- Szabadkőműves eskük a vérvonalamra és ősi papságomra

Elvágok minden lelki köldökzsinórt:

- Ősi véroltárok
- Hamis prófétai tűz

- Szellemházastársak és álomhódítók
- Szent geometria, fénykódok és egyetemes törvények tana
- Hamis Krisztusok, ismerős lelkek és hamis szent lelkek

Jézus vére beszéljen értem. Minden szerződés szakadjon meg. Minden oltár romba dőljön. Minden démoni identitás töröltessen el – most azonnal!

KIJELENTEM
Kijelentem:

- A testem a Szentlélek élő temploma.
- Az üdvösség sisakja őrzi elmémet.
- Lelkem naponta megszentelődik az Ige fürdője által.
- A Golgota tisztítja meg a véremet.
- Álmaim fénybe vannak zárva.
- A nevem be van írva a Bárány Életkönyvébe – nem valamilyen okkult nyilvántartásba, páholyba, naplóba, tekercsbe vagy pecsétbe!

PARANCSOLOK
Parancsolom:

- A sötétség minden egyes ügynöke – megfigyelők, monitorok, asztrális projektorok – elvakulnak és szétszóródnak.
- Minden kötelék, ami az alvilághoz, a tengeri világhoz és az asztrális síkhoz fűz – szakadjon el!
- Minden sötét jegyet, beültetést, rituális sebet vagy spirituális bélyeget – tűz tisztítson meg!
- Minden ismerős szellem, aki hazugságokat suttog – hallgattassatok el most!

KIKAPCSOLOOM
Eltávolodok ettől:

- Minden démoni idővonal, lélekbörtön és szellemketrec
- Minden titkos társaság rangsora és fokozata
- Minden hamis palástot, trónt vagy koronát, amit viseltem

- Minden olyan identitás, amelyet nem Isten írt
- Minden szövetség, barátság vagy kapcsolat, amit sötét rendszerek támogatnak,

LÉTREHOZOM
Megállapítom:

- Dicsőség tűzfala körülöttem és a házam körül
- Szent angyalok minden kapunál, portálnál, ablaknál és ösvénynél
- Tisztaság a médiámban, a zenémben, az emlékeimben és az elmémben
- Az igazság a barátságaimban, a szolgálatomban, a házasságomban és a missziómban
- Szakítatlan közösség a Szentlélekkel

BEKÜLDÖM
Teljesen alárendelem magam Jézus Krisztusnak – a megöletett Báránynak, az uralkodó Királynak , az ordító Oroszlánnak. **A világosságot választom. Az igazságot választom. Az engedelmességet választom.**
Nem tartozom e világ sötét királyságaihoz. A mi Istenünk és az ő Krisztusának országához tartozom.
FIGYELMEZTETEM AZ ELLENSÉGET
Ezen nyilatkozattal értesítem a következőket:

- Minden magas rangú fejedelemség
- Minden uralkodó szellem városok, vérvonalak és nemzetek felett
- Minden asztrális utazó, boszorkány, varázsló vagy bukott csillag...

Érinthetetlen tulajdon vagyok.

A nevem nem található meg az archívumotokban. A lelkem nem eladó. Álmaim parancs alatt állnak. A testem nem a templomotok. A jövőm nem a játszóteretek. Nem térek vissza a rabságba. Nem fogom megismételni az ősi ciklusokat. Nem fogok idegen tüzet hordozni. Nem leszek kígyók nyughelye.

LEPECSETELEK

Ezt a nyilatkozatot a következőképpen zárom le:

- Jézus vére
- A Szentlélek tüze
- Az Ige tekintélye
- Krisztus Testének egysége
- A bizonyságom hangja

Jézus nevében, Ámen és Ámen

BEFEJEZÉS: A TÚLÉLÉSTŐL A FIÚSÁGIG – SZABADON MARADNI, SZABADON ÉLNI, MÁSOKAT SZABADRA TESZNI

„**Á**lljatok meg tehát szilárdan abban a szabadságban, amellyel Krisztus megszabadított minket, és ne engedjétek, hogy újra szolgaság igájába kötelezzétek magatokat." – Galata 5:1

„Kihozta őket a sötétségből és a halál árnyékából, és láncaikat széttörte." – Zsoltárok 107:14

Ez a 40 nap sosem csak a tudásról szólt. **A hadviselésről, az ébredésről és az uralkodásban járásról**.

Láttad, hogyan működik a sötét királyság – finoman, generációkonként, néha nyíltan. Átutaztál ősi kapukon, álombirodalmakon, okkult paktumokon, globális rituálékon és spirituális gyötrelmeken. Elképzelhetetlen fájdalomról szóló tanúvallomásokkal találkoztál – de **radikális megszabadulással is**. Oltárokat törtél össze, megtagadtad a hazugságokat, és szembeszálltál olyan dolgokkal, amelyeket sok szószék túl fél megnevezni.

DE EZ NEM A VÉGE.

Most kezdődik az igazi utazás: **Megőrizni a szabadságodat. A Lélekben élni. Megtanítani másoknak a kiutat.**

Könnyű átélni a 40 napos tűzvészt, és visszatérni Egyiptomba. Könnyű oltárokat lerombolni, hogy aztán a magányban, a vágyban vagy a lelki fáradtságban újraépítsd őket.

Ne tedd.

Többé nem vagy **a ciklusok rabszolgája**. **Őrszem** vagy a falon. Családod **kapuőre**. **Városod harcosa**. Nemzetek hangja.

7 UTOLSÓ FELADAT AZOK SZÁMÁRA, AKIK AZ URALOMBAN FOGNAK JÁRNI

1. **Őrizd meg kapuidat!**
   Ne nyissátok ki újra a lelki kapukat kompromisszumokkal, lázadással, kapcsolatokkal vagy kíváncsisággal.
   "Ne adjatok helyet az ördögnek!" – Efezus 4:27
2. **Fegyelmezd az étvágyadat**
   A böjtnek a havi ritmusod részévé kell válnia. Újrahangolja a lelket és engedelmességben tartja a testedet.
3. **Kötelezd el magad a tisztaság mellett!**
   Érzelmi, szexuális, verbális, vizuális. A tisztátalanság az első számú kapu, amelyen a démonok visszakúsznak.
4. **Uradd az Igét!** Az
   Írás nem opcionális. Ez a te kardod, pajzsod és mindennapi kenyered.
   "A Krisztus igéje lakozzék bennetek gazdagon..." (Kol 3,16)
5. **Találd meg a törzsed!**
   A Szabadulás sosem arra való, hogy egyedül járjunk. Építs, szolgálj és gyógyíts egy Lélekkel teli közösségben.
6. **Öleld át a szenvedést**
   Igen – a szenvedést. Nem minden gyötrelem démoni. Némelyik megszentelő. Menj át rajta. Dicsőség vár rád.
   "Miután egy kicsit szenvedtetek... megerősít, megszilárdít és megalapoz titeket." - 1 Péter 5:10
7. **Taníts másokat.**
   Amit ingyen kaptál – most ingyen add. Segíts másoknak ingyen jutni. Kezdd az otthonoddal, a köröddel, a gyülekezeteddel.

A TANÍTVÁNYNAK SZÁLLÍTOTTÓL

Ez az áhítat egy globális kiáltás – nemcsak gyógyulásért, hanem egy sereg felemelkedéséért is.

Itt az **ideje olyan pásztoroknak**, akik megérzik a háború szagát.

Itt az **ideje olyan prófétáknak**, akik nem riadnak vissza a kígyóktól.

Itt az **ideje olyan anyáknak és apáknak,** akik megszegik a generációs paktumokat, és az igazság oltárait építik.

Itt az **ideje, hogy a nemzetek** figyelmeztetést kapjanak, és hogy az Egyház ne hallgatjon tovább.

TE VAGY A KÜLÖNBSÉG

Az számít, hogy merre mész innen. Az számít, hogy mit viszel magaddal. A sötétség, ahonnan kihúztak, az a terület, amely felett most már hatalmad van. A szabadulás volt a születésedtől fogva kapott jogod. Az uralom a te köpenyed.

Most sétálj bele.

ZÁRÓ IMÁDSÁG

Uram Jézus, köszönöm, hogy velem jártál ebben a 40 napban. Köszönöm, hogy leleplezed a sötétséget, széttöröd a láncokat, és magasabb helyre hívtál. Nem vagyok hajlandó visszafordulni. Minden megállapodást félelemmel, kétséggel és kudarccal szegek meg. Bátran fogadom el a királysági megbízatásomat. Használj, hogy másokat szabaddá tegyél. Tölts meg Szentlélekkel naponta. Hadd váljon az életem a fény fegyverévé – a családomban, a nemzetemben, Krisztus Testében. Nem leszek csendben. Nem hagyom magam legyőzni. Nem adom fel. A sötétségből az uralom felé haladok. Örökké. Jézus nevében. Ámen.

Hogyan születhetünk újjá és kezdhetünk új életet Krisztussal

Talán már jártál Jézussal korábban, vagy talán csak most találkoztál Vele ebben a 40 napban. De most valami benned kavarog.

Készen állsz többre, mint a vallásra.

Készen állsz egy **kapcsolatra**.

Készen állsz azt mondani: „Jézus, szükségem van Rád."

Íme az igazság:

„Mert mindenki vétkezett; mindnyájan híján vagyunk Isten dicsőséges mércéjének... mégis Isten az Ő kegyelméből ingyen tesz minket igazzá az Ő színe előtt."

– Róma 3:23–24 (NLT)

Nem érdemelheted ki az üdvösséget.

Nem tudod magad megjavítani. De Jézus már kifizette a teljes árat – és vár, hogy hazaengedhessen.

Hogyan születhetünk újjá

AZ ÚJJÁSZÜLETÉS AZT jelenti, hogy átadod az életed Jézusnak – elfogadod a megbocsátását, hiszel abban, hogy meghalt és feltámadt, és elfogadod Őt Uradnak és Megváltódnak.

Egyszerű. Hatékony. Mindent megváltoztat.

Imádkozd ezt hangosan:

„**URAM JÉZUS, HISZEM**, hogy Te vagy Isten Fia.

Hiszem, hogy meghaltál a bűneimért és feltámadtál.

Bevallom, hogy vétkeztem, és szükségem van a megbocsátásodra.

Ma megbánom és elfordulok régi útjaimtól.

Meghívlak az életembe, hogy légy Uram és Megváltóm.

Moss tisztára engem. Tölts meg Lelkeddel.
Kijelentem, hogy újjászülettem, megbocsátást nyertem és szabad vagyok.
Mától fogva követni foglak –
és a te nyomdokaidban fogok élni.
Köszönöm, hogy megmentettél. Jézus nevében, ámen."

Következő lépések az üdvösség után

1. **Mondd el valakinek** – Oszd meg a döntésedet egy olyan hívővel, akiben megbízol.
2. **Találj egy Biblia-alapú gyülekezetet** – Csatlakozz egy közösséghez, amely Isten Igéjét tanítja és aszerint él. Látogasd meg a God's Eagle szolgálatait online a https://www.otakada.org [1] vagy a https://chat.whatsapp.com/H67spSun32DDTma8TLh0ov oldalon keresztül.[2]
3. **Keresztelkedj meg** – Tedd meg a következő lépést nyilvánosan, hogy megvalld a hitedet.
4. **Olvasd a Bibliát naponta** – Kezdd János evangéliumával.
5. **Imádkozz minden nap** – Beszélj Istennel úgy, mint egy baráttal és Atyával.
6. **Maradj kapcsolatban** – Vedd körül magad olyan emberekkel, akik bátorítják az új utad.
7. **Kezdj el egy tanítványképzési folyamatot a közösségen belül** – Fejlessz ki személyes kapcsolatot Jézus Krisztussal ezeken a linkeken keresztül

40 napos tanítványképzés 1 - https://www.otakada.org/get-free-40-days-online-discipleship-course-in-a-journey-with-jesus/

40 Tanítványság 2 - https://www.otakada.org/get-free-40-days-dna-of-discipleship-journey-with-jesus-series-2/

---

1. https://www.otakada.org
2. https://chat.whatsapp.com/H67spSun32DDTma8TLh0ov

Az üdvösségem pillanata

D átum : _ ...
　　Aláírás : _ ...
„Ha valaki Krisztusban van, új teremtés az; a régi elmúlt, és íme, új jött létre!"
– 2Korinthus 5:17

Új élet Krisztusban tanúsítvány

Üdvösségnyilatkozat – Újjászületés kegyelem által

Ez igazolja, hogy

_ ...

(TELJES NÉV)
nyilvánosan kijelentette **hitét Jézus Krisztusban,** mint Úrban és Megváltóban, és megkapta az üdvösség ajándékát az Ő halála és feltámadása által.

„Ha tehát nyíltan vallod, hogy Jézus az Úr, és szívedben hiszed, hogy Isten feltámasztotta őt a halálból, akkor üdvözülsz."
– Róma 10:9
Ezen a napon ujjong a menny, és egy új utazás veszi kezdetét.

Határozat dátuma : _ ...

Aláírás : _ ...

Üdvösségnyilatkozat

„MA ÁTADOM AZ ÉLETEMET Jézus Krisztusnak.
  Hiszem, hogy meghalt a bűneimért és feltámadt. Elfogadtam Őt Uramnak és Megváltómnak. Megbocsátást nyertem, újjászülettem és megújultam. Ettől a pillanattól kezdve az Ő nyomdokaiban fogok járni."

Üdvözlünk Isten családjában!

A NEVED BE VAN ÍRVA a Bárány Életkönyvébe.
  A történeted csak most kezdődik – és örökkévaló.

KAPCSOLATKOZZON A GOD'S EAGLE MINISTERIES-HEZ

- Weboldal: www.otakada.org[1]
- Gazdagság az aggodalmon túl sorozat: www.wealthbeyondworryseries.com[2]
- Email: ambassador@otakada.org

- **Támogassa ezt a munkát:**

Támogasd a királyság projekteit, misszióit és az ingyenes globális erőforrásokat szövetségen alapuló adakozáson keresztül. **Adományozáshoz szkenneld be a QR-kódot:** https://tithe.ly/give?c=308311
Nagylelkűségetek segít nekünk abban, hogy több lélekhez jussunk el, forrásokat fordítsunk le, misszionáriusokat támogassunk és tanítványképző rendszereket építsünk világszerte. Köszönjük!

---

1. https://www.otakada.org
2. https://www.wealthbeyondworryseries.com

3. CSATLAKOZZ WHATSAPP Covenant közösségünkhöz

Kapj frissítéseket, áhítatos tartalmakat, és lépj kapcsolatba szövetséget valló hívőkkel világszerte.

Csatlakozáshoz szkenneld be a következőt
: https://chat.whatsapp.com/H67spSun32DDTma8TLh0ov[3]

AJÁNLOTT KÖNYVEK ÉS FORRÁSOK

- *Megszabadulva a sötétség hatalmától* (**Puhakötéses**) — Vásároljon itt [1] | E-könyv [2] az Amazonon [3]

- **Legjobb vélemények az Egyesült Államokból:**
    - **Kindle vásárló** : „A legjobb keresztény olvasmány valaha!" (5 csillag)

---

1. https://shop.ingramspark.com/b/084?params=oeYbAkVTC5ao8PfdVdzwko7wi6IQimgJY2779NaqG4e
2. https://www.amazon.com/Delivered-Power-Darkness-AFRICAN-DELIVERED-ebook/dp/B0CC5MM4MV
3. https://www.amazon.com/Delivered-Power-Darkness-AFRICAN-DELIVERED-ebook/dp/B0CC5MM4MV

DICSŐSÉG JÉZUSNAK EZÉRT a bizonyságtételért. Olyan áldott voltam, és mindenkinek ajánlom ennek a könyvnek az elolvasását... Mert a bűn zsoldja a halál, az Isten ajándéka pedig az örök élet. Shalom! Shalom!

- **Da Gster** : „Ez egy nagyon érdekes és meglehetősen furcsa könyv." (5 csillag)

Ha igaz, amit a könyvben állítanak, akkor valóban messze elmaradunk attól, hogy mire képes az ellenség! ... Kötelező olvasmány mindenkinek, aki a spirituális hadviselésről szeretne többet megtudni.

- **Visa** : „Imádom ezt a könyvet" (5 csillag)

Ez egy szemfelnyitó... egy igazi vallomás... Mostanában mindenhol kerestem, hogy megvehessem. Nagyon örülök, hogy az Amazonon sikerült.

- **FrankJM** : „Egészen más" (4 csillag)

Ez a könyv emlékeztet arra, hogy mennyire valóságos a szellemi hadviselés. Arra is emlékeztet, hogy miért érdemes magunkra ölteni „Isten teljes fegyverzetét".

- **JenJen** : „Mindenki, aki a mennybe akar jutni – olvassa el ezt!" (5 csillag)

Ez a könyv annyira megváltoztatta az életemet. John Ramirez vallomásával együtt másképp fog tekinteni a hitedre. Már hatszor olvastam el!

- *Ex-sátánista: A James Exchange* (Puhakötéses) — Vásároljon itt [4] | E-könyv [5] az Amazonon [6]

---

[4] https://shop.ingramspark.com/b/084?params=I2HNGtbqJRbal8OxU3RMTApQsLLxcUCTC8zUdzDy0W1

[5] https://www.amazon.com/JAMESES-Exchange-Testimony-High-Ranking-Encounters-ebook/dp/B0DJP14JLH

[6] https://www.amazon.com/JAMESES-Exchange-Testimony-High-Ranking-Encounters-ebook/dp/B0DJP14JLH

- ***EGY AFRIKAI EX-SÁTÁNISTA VÉLEMÉNYE** - JONAS LUKUNTU MPALA lelkész* (Puhakötéses) — Vásárolja meg itt [7] | E-könyv [8] az Amazonon [9]

- *Greater Exploits 14* (Puhakötéses) — Vásároljon itt [10] | E-könyv [11] az Amazonon [12]

---

7. https://shop.ingramspark.com/b/ 084?params=0Aj9Szc4cYoLM5OqWrD20kgknXQQqO5AZYXcWtoMqWN

8. https://www.amazon.com/TESTIMONY-African-EX-SATANIST-Pastor-Jonas-ebook/dp/ B0DJDLFKNR

9. https://www.amazon.com/TESTIMONY-African-EX-SATANIST-Pastor-Jonas-ebook/dp/ B0DJDLFKNR

10. https://shop.ingramspark.com/b/084?params=772LXinQn9nCWcgq572PDsqPjkTJmpgSqrp88b0qzKb

11. https://www.amazon.com/Greater-Exploits-MYSTERIOUS-Strategies-Countermeasures-ebook/dp/ B0CGHYPZ8V

12. https://www.amazon.com/Greater-Exploits-MYSTERIOUS-Strategies-Countermeasures-ebook/dp/ B0CGHYPZ8V

- *Az ördög üstjéből,* John Ramirez – Kapható az Amazonon[13]
- Rebecca Brown: Azért *jött, hogy kiszabadítsa a foglyokat* – Keresd az Amazonon[14]

A szerző további kiadott könyvei – Több mint 500 cím
Szeretett, kiválasztott és egész : Egy 30 napos utazás az elutasítástól a **helyreállításig ,** a világ 40 nyelvére lefordítva
https://www.amazon.com/Loved-Chosen-Whole-Rejection-Restoration-ebook/dp/B0F9VSD8WL
https://shop.ingramspark.com/b/084?params=xga0WR16muFUwCoeMUBHQ6HwYjddLGpugQHb3DVa5hE

---

13. https://www.amazon.com/Out-Devils-Cauldron-John-Ramirez/dp/0985604306
14. https://www.amazon.com/He-Came-Set-Captives-Free/dp/0883683239

Az Ő nyomdokaiban – Egy 40 napos WWJD kihívás:
Jézushoz hasonlóan élni a világ minden tájáról származó valós történetekben

https://www.amazon.com/His-Steps-Challenge-Real-Life-Stories-ebook/dp/B0FCYTL5MG

https://shop.ingramspark.com/b/084?params=DuNTWS59IbkvSKtGFbCbEFdv3Zg0FaITUEvlK49yLzB

JÉZUS AZ AJTÓNÁL:
40 szívszorító történet és a menny utolsó figyelmeztetése a mai egyházaknak

https://www.amazon.com/dp/B0FDX31L9F

https://shop.ingramspark.com/b/084?params=TpdA5j8WPyw83glJ12N1B3nf8LQte2a1lIEy32bHcGg

SZÖVETSÉGI ÉLET: 40 nap az 5Mózes 28 áldásában

- https://www.amazon.com/dp/B0FFJCLDB5

Történetek valódi emberektől, valódi engedelmességről és valódi
https://shop.ingramspark.com/b/
084?params=bH3pzfz1zdCOLpbs7tZYJNYgGcYfU32VMz3J3a4e2Qt

Átalakítás több mint 20 nyelven

ISMERNI ŐT ÉS ISMERNI ŐT:
40 nap a gyógyulásig, a megértésig és a tartós szerelemig

HTTPS://WWW.AMAZON.com/KNOWING-HER-HIM-Healing-Understanding-ebook/dp/B0FGC4V3D9[15]

https://shop.ingramspark.com/b/084?params=vC6KCLoI7Nnum24BVmBtSme9i6k59p3oynaZOY4B9Rd

TELJES, NEM VERSENYEZZ:
40 napos utazás a célhoz, az egységhez és az együttműködéshez

---

15. https://www.amazon.com/KNOWING-HER-HIM-Healing-Understanding-ebook/dp/B0FGC4V3D9

HTTPS://SHOP.INGRAMSPARK.com/b/084?params=5E4v1tHgeTqOOuEtfTYUzZDzLyXLee30cqYo0Ov9941[16]
https://www.amazon.com/COMPLETE-NOT-COMPETE-Journey-Collaboration-ebook/dp/B0FGGL1XSQ/

ISTENI EGÉSZSÉGKÓD - 40 napi kulcs a gyógyulás aktiválásához Isten szaván és teremtésén keresztül. Oldja fel a növények, az ima és a prófétai cselekvés gyógyító erejét.

---

16. https://shop.ingramspark.com/b/084?params=5E4v1tHgeTqOOuEtfTYUzZDzLyXLee30cqYo0Ov9941

https://shop.ingramspark.com/b/
084?params=xkZMrYcEHnrJDhe1wuHHYixZDViiArCeJ6PbNMTbTux
https://www.amazon.com/dp/B0FHJT42TK

TOVÁBBI KÖNYVEK A SZERZŐ oldalán találhatók :
https://www.amazon.com/stores/Ambassador-Monday-O.-Ogbe/author/
B07MSBPFNX[17]

---

17. https://www.amazon.com/stores/Ambassador-Monday-O.-Ogbe/author/B07MSBPFNX

FÜGGELÉK (1-6): FORRÁSOK A SZABADSÁG MEGŐRZÉSÉHEZ ÉS A MÉLYEBB SZABADULÁSHOZ

1. FÜGGELÉK: Ima a rejtett boszorkányság, okkult gyakorlatok vagy furcsa oltárok felismeréséért a templomban

„E*mberfia, látod, mit művelnek a sötétben…?"* – Ezékiel 8:12

„És ne legyen közösségetek a sötétség gyümölcstelen cselekedeteivel, hanem inkább leplezzétek le azokat." – Efezus 5:11

Ima a megkülönböztetésért és a leleplezésért:

Uram Jézus, nyisd meg a szememet, hogy lássam, amit Te látsz. Hadd lepleződjön le minden különös tűz, minden titkos oltár, minden szószékek, padok vagy gyakorlatok mögé bújó okkult művelet. Távolítsd el a fátylak. Fedd fel az imádat álcájába burkolt bálványimádást, a prófécia álcájába burkolt manipulációt és a kegyelem álcájába burkolt perverziót. Tisztítsd meg a helyi gyülekezetemet. Ha egy kompromittált közösség tagja vagyok, vezess biztonságba. Emeljetek tiszta oltárokat. Tiszta kezeket. Szent szíveket. Jézus nevében. Ámen.

2. FÜGGELÉK: Médiától való lemondás és tisztítási protokoll

„*Semmi gonoszságot nem vetek szemem elé...*" – Zsoltárok 101:3
Lépések a médiaélet megtisztításához:

1. **ellenőrizhetsz**: filmeket, zenéket, játékokat, könyveket, platformokat.
2. **Kérdezd meg:** Dicsőíti ez Istent? Megnyitja a sötétség kapuit (pl. horror, kéjvágy, boszorkányság, erőszakos vagy new age témák)?
3. **Lemondás:**

„Megtagadok minden démoni portált, amelyet istentelen média nyitott meg. Lelki kapcsolataimat megszakítom minden olyan lelki kötelékkel, amely hírességekhez, alkotókhoz, karakterekhez és az ellenség által felhatalmazott történetszálakhoz fűzi."

1. **Törlés és megsemmisítés**: Tartalom fizikai és digitális eltávolítása.
2. **Cseréld le** istenfélő alternatívákkal – imádattal, tanításokkal, bizonyságtételekkel, tartalmas filmekkel.

3. FÜGGELÉK: Szabadkőművesség, Kabbala, Kundalini, Boszorkányság, Okkult Lemondási Szkript

„*Ne vegyetek részt a sötétség gyümölcstelen cselekedeteiben...*" – Efézus 5:11

Mondd hangosan:

Jézus Krisztus nevében lemondok minden esküről, rituáléról, szimbólumról és beavatásról bármilyen titkos társaságba vagy okkult rendbe – tudatosan vagy tudatlanul. Elutasítok minden kapcsolatot a következőkkel:

- **Szabadkőművesség** – Minden fokozat, szimbólum, véreskü, átok és bálványimádás.
- **Kabbala** – zsidó miszticizmus, Zohár-olvasások, életfa-invokációk vagy angyalmágia.
- **Kundalini** – Harmadik szem megnyitása, jóga felébredések, kígyótűz és csakra összehangolás.
- **Boszorkányság és New Age** – Asztrológia, tarot, kristályok, holdrituálék, lélekutazás, reiki, fehér vagy fekete mágia.
- **Rózsakeresztesek , Illuminátusok, Koponya és Csontok, Jezsuita eskük, Druida Rendek, Sátánizmus, Spiritizmus, Santeria, Voodoo, Wicca, Thelema, Gnoszticizmus, Egyiptomi Misztériumok, Babilon rítusok.**

Érvénytelenítek minden szövetséget, amelyet értem kötöttek. Elvágok minden köteléket a vérvonalamban, álmaimban vagy lelki kötelékeimben. Teljes lényemet átadom az Úr Jézus Krisztusnak – szellemet, lelket és testet. Hadd zárjon be minden démoni kapu végleg a Bárány vére által. Tisztíttassék meg nevem minden sötét irattól. Ámen.

4. FÜGGELÉK: Kenetolaj aktiválási útmutató

„**H**a valaki köztetek beteg, imádkozzon. Ha valaki köztetek beteg, hívják magukhoz a véneket... kenjék meg olajjal az Úr nevében." – Jakab 5:13–14

Hogyan használjuk a kenet olaját a szabadulásért és az uralkodásért:

- **Homlok** : Az elme megújítása.
- **Fülek** : Isten hangjának felismerése.
- **Has** : Az érzelmek és a szellem székhelyének megtisztítása.
- **Lábak** : Az isteni sors felé vezető út.
- **Ajtók/Ablakok** : Spirituális kapuk bezárása és otthonok megtisztítása.

Kijelentés kenetadáskor:

„Megszentelem ezt a helyet és edényt a Szentlélek olajával. Egyetlen démonnak sincs jogos hozzáférése ide. Lakozzon az Úr dicsősége ezen a helyen."

5. FÜGGELÉK: Lemondás a harmadik szemről és a természetfeletti látásról az okkult forrásokból

Mondd hangosan:

„Jézus Krisztus nevében megtagadok harmadik szemem minden megnyitását – legyen az trauma, jóga, asztrális utazás, pszichedelikumok vagy spirituális manipuláció eredménye. Kérlek Téged, Uram, zárd be az összes illegális portált, és pecsételd meg azokat Jézus vérével. Felszabadítok minden látomást, belátást vagy természetfeletti képességet, amely nem a Szentlélektől származik. Hadd vakuljon meg és kötözzön meg minden démoni megfigyelő, asztrális projektor vagy engem figyelő entitás Jézus nevében. A tisztaságot választom a hatalom helyett, az intimitást a belátás helyett. Ámen."

FÜGGELÉK : Videós források bizonyságokkal a lelki növekedésért

1) kezdj 1,5 perctől - https://www.youtube.com/watch?v=CbFRdraValc

2) https://youtu.be/b6WBHAcwN0k?si=ZUPHzhDVnn1PPIEG

3) https://youtu.be/XvcqdbEIO1M?si=GBlXg-cO-7f09cR[1]

4) https://youtu.be/jSm4r5oEKjE?si=1Z0CPgA33S0Mfvyt

5) https://youtu.be/B2VYQ2-5CQ8?si=9MPNQuA2f2rNtNMH

6) https://youtu.be/MxY2gJzYO-U?si=tr6EMQ6kcKyjkYRs

7) https://youtu.be/ZW0dJAsfJD8?si=Dz0b44I53W_Fz73A

8) https://youtu.be/q6_xMzsj_WA?si=ZTotYKo6Xax9nCWK

9) https://youtu.be/c2ioRBNriG8?si=JDwXwxhe3jZlej1U

10) https://youtu.be/8PqGMMtbAyo?si=UqK_S_hiyJ7rEGz1

11) https://youtu.be/rJXu4RkqvHQ?si=yaRAA_6KIxjm0eOX

12) https://youtu.be/nS_Insp7i_Y?si=ASKLVs6iYdZToLKH

13) https://youtu.be/-EU83j_eXac?si=-jG4StQOw7S0aNaL

14) https://youtu.be/_r4Jyzs2EDk?si=tldAtKOB_3-J_j_C

15) https://youtu.be/KiiUPLaV7xQ?si=I4x7aVmbgbrtXF_S

16) https://youtu.be/68m037cPEu0?si=XpuyyEzGfK1qWYRt

17) https://youtu.be/z4zlp9_aRQg?si=DR3lDYTt632E96a6

18) https://youtube.com/shorts/H_90n-QZU5Q?si=uLPScVXm81DqU6ds

---

1. https://youtu.be/XvcqdbEIO1M?si=GBlXg-c-O-7f09cR

UTOLSÓ FIGYELMEZTETÉS: Ezzel nem játszhatsz

A szabadulás nem szórakozás. Ez háború.
A bűnbánat nélküli lemondás csak zaj. A kíváncsiság nem ugyanaz, mint a hívás. Vannak dolgok, amikből nem lehet csak úgy felépülni.
hát a költségeket. Járj tisztaságban. Őrizd a kapuidat.
Mert a démonok nem tisztelik a zajt – csak a tekintélyt.

www.ingramcontent.com/pod-product-compliance
Lightning Source LLC
Chambersburg PA
CBHW050339010526
44119CB00049B/619